城市居民夜市消费意愿研究

张启尧 著

WUHAN UNIVERSITY PRESS
武汉大学出版社

图书在版编目(CIP)数据

城市居民夜市消费意愿研究/张启尧著. —武汉:武汉大学出版社,
2022.11
ISBN 978-7-307-23138-2

Ⅰ.城… Ⅱ.张… Ⅲ.城市—居民消费—研究—中国 Ⅳ.F126.1

中国版本图书馆 CIP 数据核字(2022)第 101583 号

责任编辑:陈 帆 责任校对:李孟潇 版式设计:马 佳

出版发行:**武汉大学出版社** (430072 武昌 珞珈山)
(电子邮箱:cbs22@whu.edu.cn 网址:www.wdp.com.cn)
印刷:湖北恒泰印务有限公司
开本:787×1092 1/16 印张:9 字数:180 千字 插页:1
版次:2022 年 11 月第 1 版 2022 年 11 月第 1 次印刷
ISBN 978-7-307-23138-2 定价:45.00 元

目　　录

第1章 导　　论

1.1　研究背景与问题

消费在我国经济发展中的基础性作用持续增强。2020 年消费支出对我国经济增长的贡献率达到 54.4%，成为我国经济增长的第一拉动力。在消费升级的背景下，消费业态与模式创新对消费潜力进一步释放的促进作用日益凸显。夜间经济由于能直接拉动餐饮、购物、文化和旅游等服务业的发展，蕴含着巨大的市场空间和潜力，已成为目前最受关注的消费新模式。各级政府积极推动夜间经济发展，加大对夜间经济的扶持力度，将其视作增强城市活力的新引擎，制定了一系列促进政策，如《北京市关于进一步繁荣夜间经济促进消费增长的措施》《广州市推动夜间经济发展实施方案》《南京市关于加快推进夜间经济发展的实施意见》等。与此同时，随着经济社会的高速发展，人们的生活和工作节奏也在不断加快，生活方式正发生着改变。在白天紧张忙碌的工作结束后，城市居民开始将夜间视为释放压力和放松身心的重要时间段，夜间消费需求急剧攀升。政策与市场的双重作用使得我国夜间经济发展规模持续扩大。据艾媒咨询发布的《2021—2022 年中国夜间经济监测及典型城市案例分析》显示，2020 年我国夜间经济发展规模已超过 30 万亿元，且预计到 2021 年将增至 36 万亿元。

能提供观光游览、特色小吃、小商品买卖和游戏健身等一站式夜间消费产品与服务的夜市自然成为夜间消费聚集区和夜间经济最活跃的城市区域，并被广泛视作培育夜间经济新业态和培养城市居民夜间消费习惯的重要平台。为挖掘夜市消费潜力，各地专门出台了针对夜市发展的支持性政策，如《重庆市人民政府关于发展夜市经济的意见》等。虽然政府部门在规范与引导夜市经营上发挥着重要作用，但夜市赖以生存和发展的基础还是在于能否吸引和留住顾客。从目前夜市的经营情况看，普遍呈现冷热不均和火红开业、惨淡关门的景象。除热门夜市人头攒动外，其他夜市都较为冷清或客流量稀少，甚至难以为继。如何提升夜市人气和回头率，已成为夜市生存和发展的重要前提条件。现如今，作为夜市主要消费群体的城市居民开始对夜市有了新的认识与理解，他们摆脱了对夜市"餐饮小吃""便宜小商品""喧嚣嘈杂"的传统认知,更多地将夜市视为体验学习、释放生活工作压力和休闲放松的重要空间与场所。便宜与便利不再是夜市的代名词,高品质与独特体验成为城市居民夜市消费的新追求,他们更希望通过夜市消费获得新奇、时尚、个性化和幸福感。如何主动适应新时代夜市消费需求的变化、为城市居民创造独特夜市消费价值、优化夜市服务质量、激发城市居民夜市消费热情,成为当下夜市高质量发展亟需关注与解决的现实问题。

1.2　研究目标与意义

1.2.1　研究目标

本书以城市居民夜市消费意愿作为研究的切入点,旨在从感知价值、服务质量感知和计划行为理论等角度综合探究提高城市居民夜市消费意愿的机制和方法,希望在分别探索夜市消费意愿和夜市再次消费意愿影响因素和生成机制的基础上,利用计划行为理论挖掘影响城市居民夜市消费意愿的深层次原因。此外,夜市周边居民作为深受夜市影响和影响夜市发展最主要的夜市客源之一,他们对夜市的态度会直接影响夜市的发展水平和质量。本书亦将夜市周边居民纳入研究范畴,从价值共创的角度发掘周边居民夜市支持行为形成的内在作用机理,期望最终实现对夜市的共建、共治、共享,推动夜市的高质量发展。总体来看,本书的研究目标主要包括以下几个方面。

(1) 探讨城市居民夜市消费意愿的价值驱动因素及其作用的差异性。虽然夜市在我国出现至今有一千多年的历史,但夜市消费的需求和动机却随着时代和地域的不同一直发生着变化。现如今,在快节奏、高压力的日间工作结束后利用夜间闲暇时间进行高品质休闲娱乐活动被广泛认为是城市居民夜市消费的一大需求,而如何满足城市居民的夜市消费需求,为他们创造优异的感知价值,则成为吸引他们前往夜市消费的重要驱动力。城市居民夜市消费意愿的形成受哪些感知价值因素的影响,这些因素影响城市居民夜市消费意愿的路径及内在机理有何不同,目前并不明确且相关研究较少。本书基于感知价值理论,结合夜市消费特殊情境,对夜市感知价值的概念进行界定并对其构成维度进行划分,构建感知价值影响城市居民夜市消费意愿的概念模型,并通过实证分析探索不同夜市感知价值因素对城市居民夜市消费意愿作用的差异,以明确新时代城市居民的夜市消费价值主张和不同价值主张的相对重要程度。

(2) 阐明影响城市居民夜市再次消费意愿的服务质量要素及内在机理。依据"认知—情感—意向"和"自我调节态度"理论,服务质量属于个体认知的范畴,城市居民会在对夜市服务质量进行理性客观的评价后,以此为依据决定后续的行为意向。此时,在夜市基本消费需求被满足的情况下,服务质量将扮演激励因素的角色,只要城市居民对夜市服务质量给予较高的评价,就会促使城市居民进一步产生包括再次消费意愿等在内的积极行为意向。① 由于夜市消费主要聚集在餐饮、娱乐和休闲等服务业领域,为解决夜市生存发展问题,如何在创新夜市服务内容的同时想方设法提高服务质量以提升城市居民幸福感,成为夜市经营主体在培养回头客时急需思考的问题。夜市服务质量感知包括哪些要素,这些夜市服务质量感知要素又是如何影响城市居民夜市再次消费意愿的,相关研究并没有给出准确的答案。本书将进一步基于服务质量感知理论,结合夜市消费特殊情境,对夜市服务质量感知的概念进行界定并对其构成要素进行探究,构建服务质量感知影响城市居民夜市再次消费意愿的概念模型,并通过实证分析探索不同服务质量感知要素对城市居民夜市再次消费意愿作用的路径,帮助夜市经营者精准把握夜市服务质量改进的内容与方向,促进夜市的可持续发展。

(3) 挖掘影响城市居民夜市消费意愿生成的深层次因素并综合分析影响机制。城市居民夜市消费意愿除了会受到感知价值和服务质量感知的影响外,还会受到其他因素的影响。从内部因素看,城市居民夜市消费意愿既会受到自身对夜市态度的影响,还会受到前往夜市消费容易程度等知觉行为控制的影响;从外部因素看,社会舆论和当地夜市消费文化等社会规范也会对城市居民夜市消费意愿产生约束。为了更加全面综合地把握内外部因素对城市居民夜市消费意愿的影响,本书利用扩展计划行为理论构建城市居民夜市消费意愿研究概念模型。研究能帮助夜市经营者从塑造城市居民对夜市积极态度、提升夜市消费可得性与便利性和打造城市夜市消费文化等方面全方位把握引导和促进城市居民夜市消费意愿生成的深层次要素,以此推动夜市经济健康、科学地发展。

(4) 探究周边居民夜市支持行为生成的路径。夜市周边居民不仅是夜市受益者和参与者,也是夜市困扰者。夜市繁荣带来人气和经济发展的同时,也给周边居民带来了噪音和光污染、交通堵塞、卫生等环境问题,导致了夜市"邻避效应"的出现。如果周边居民不能充分参与和支持夜市发展,甚至出现排斥心理和行为,则会对夜市发展造成毁灭性影响。② 可见,打造夜市与周边居民间和谐共生的邻里关系对夜市的发展至关重要。依据社

---

① 吴文智,唐培,何建民. 旅游公共服务质量对游客目的地忠诚的影响机制——来自城市目的地上海的经验证据 [J]. 华东经济管理, 2021, 35 (4): 118-128.

② 许光建. 协同治理推动"夜经济"高质量发展 [J]. 人民论坛, 2020 (17): 70-72.

李东和,叶晴,肖舒羽. 区域旅游业发展中目的地居民参与问题研究 [J]. 人文地理, 2004 (3): 84-88.

会交换理论，在夜市开发时如能吸收周边居民的参与，保证周边居民对夜市开发的发言权与参与权，并使他们能从夜市开发中获益时，周边居民会倾向于对夜市开发表现出积极的支持态度。① 那么，如何才能激发周边居民的夜市支持行为，让周边居民积极参与和支持夜市建设，则成为夜市高质量发展研究绕不开的一个根本话题。本书从夜市周边居民视角，基于价值共创理论，对夜市周边居民参与夜市价值共创与夜市支持行为之间的关系以及内在作用机理进行深入分析，希望能为实现夜市与周边居民良性互动关系的建立和夜市与周边居民的协同发展提供政策支持。

1.2.2　研究意义

（1）从理论层面看，首先，本书的研究发展了城市居民夜市消费行为理论。虽然有学者围绕夜市经济展开了相关研究，但多基于政府或夜市经营者视角，缺乏城市居民夜市消费行为的研究成果。本书的研究是对主流夜市经济理论的重要补充与拓展，有利于丰富和发展夜市经济和消费者行为学研究中关于城市居民夜市消费行为的理论。其次，本书的研究探索了不同阶段城市居民夜市消费意愿形成的影响因素及其内在作用机理。除了从感知价值、服务质量感知和价值共创等角度对城市居民夜市相关行为展开研究外，还利用计划行为理论对城市居民夜市消费意愿的影响因素进行全面且深入的挖掘。相关研究不仅能揭示城市居民夜市消费意愿的影响因素及内在作用机理，还能为如何提升城市居民夜市消费意愿提供新的理论洞见。最后，本书的研究丰富了城市居民夜市行为的研究视角，为从不同城市居民视角探索夜市发展路径提供了理论支撑。本书不仅从一般城市居民角度探究了城市居民夜市消费意愿与夜市再次消费意愿的影响因素和作用机理，还将夜市周边居民纳入研究范畴，从价值共创视角探索夜市周边居民与夜市融合发展的新路径，为夜市经济发展理论研究提供了一个新的视角。

（2）从实践层面看，首先，城市居民夜市消费意愿的研究能帮助夜市经营者明确城市居民夜市消费的价值主张与需求。夜市经济虽然受到了社会的广泛关注，且各地政府出台了很多支持性政策和措施，但这些政策和措施主要是针对夜市本身的培育和管理，并没有完全考虑市场的需要，使得一些地方的夜市经济发展实际效果并不佳。本书在挖掘城市居民夜市消费不同价值诉求的基础上，依据实证分析探究不同感知价值维度对城市居民夜市消费意愿影响的显著性和程度，帮助夜市经营者从城市居民需求视角有指向性地干预夜市

---

① 贾衍菊，李昂，刘瑞，等. 乡村旅游地居民政府信任对旅游发展支持度的影响——地方依恋的调节效应［J］. 中国人口·资源与环境，2021，31（3）：171-183.

建设。其次，城市居民夜市再次消费意愿的研究能帮助夜市经营者找准服务质量提升的内容与方向。为了让城市居民持续选择前往夜市消费，需要不断提升夜市的服务质量。本书从夜市服务质量感知入手，在探究夜市服务质量感知内容的同时，通过实证分析探索夜市服务质量感知对夜市再次消费意愿的影响机制，挖掘不同夜市服务质量感知要素对夜市再次消费意愿影响的重要性，以此为夜市经营者探寻如何通过促进夜市服务高质量发展提升城市居民再次消费意愿提供有益的借鉴与参考。最后，周边居民夜市支持行为的研究能帮助夜市经营者找到与周边居民和谐共生的方法，发掘夜市周边社区的消费潜力。夜市的发展离不开夜市周边居民的支持，让夜市周边居民参与夜市发展成为促进其与夜市和谐关系构建和夜市支持行为生成的主要手段。本书在探索夜市周边居民参与夜市价值共创构成维度的基础上，根据周边居民从不同维度参与夜市价值共创对夜市支持行为的影响差异，帮助夜市经营者明确何种夜市周边居民参与夜市价值共创方式更利于周边居民夜市支持行为的形成，以此更精准高效地推动夜市与周边居民的和谐共处，促进夜市的长久发展。

1.3 研究内容与创新

1.3.1 研究内容

本书主要对城市居民夜市消费意愿进行研究，在由感知价值、服务质量感知和计划行为理论等角度综合探究提高城市居民夜市消费意愿的机制和方法的同时，还创新性地将夜市周边居民纳入研究视野，从价值共创的角度发掘周边居民夜市支持行为形成的内在作用机理。本书共分为七章，主要研究内容如下。

第一章，导论。主要介绍研究的背景与问题、研究的目标与意义；说明研究的主要内容、创新点以及所采用的研究方法和研究技术路线图。

第二章，理论基础及文献综述。在理论基础部分，主要把握夜市消费的概念与内容、感知价值和服务质量感知的概念与分类；理解计划行为理论和价值共创理论。在文献综述部分，主要梳理夜间经济、夜市发展与治理、夜市消费等相关国内外文献，并提出研究中存在的不足，以此指明研究的方向。

第三章，感知价值对城市居民夜市消费意愿的影响研究。基于感知价值理论，结合夜市消费情境，对城市居民夜市感知价值的内涵与维度进行剖析，提出城市居民感知价值与夜市消费意愿间作用的相关假设并构建研究的概念模型，并通过实证分析对城市居民感知价值与夜市消费意愿间的作用路径进行检验。

第四章，服务质量感知对城市居民再次消费意愿的影响研究。基于服务质量感知理论，结合夜市消费情境，提出夜市服务质量感知对城市居民再次消费意愿作用的相关假设并构建研究的概念模型，通过实证分析探究不同夜市服务质量感知，同时通过幸福动机对城市居民再次消费意愿影响的机理，发现和明确不同夜市服务质量感知的作用路径差异以及作用的边界条件。

第五章，基于计划行为理论的城市居民夜市消费意愿研究。以计划行为理论为研究的主体框架，结合夜市消费情境，在从主观意识层面确定城市居民夜市消费意愿形成影响因素的基础上，构建城市居民夜市消费意愿研究的概念模型和提出相关研究假设，并通过实证分析对这些因素影响城市居民夜市消费意愿形成的内在作用机理进行检验。

第六章，夜市周边居民支持行为研究。以夜市周边居民为研究对象，基于价值共创理论，构建周边居民参与价值共创影响夜市支持行为的概念模型和提出相关研究假设，通过实证分析对概念模型和相关假设进行检验，探寻周边居民参与价值共创与夜市支持行为间的内在作用机理和作用的边界条件。

第七章，研究结论与展望。基于前述从感知价值、服务质量感知和计划行为理论等角度综合探究城市居民夜市消费意愿形成相关的假设检验以及从价值共创的角度对周边居民夜市支持行为形成内在机理的实证分析，对本书研究的结论进行总结和探讨，并据此提出本书研究的启示，指出本书关于城市居民夜市消费意愿研究存在的局限，并提出未来研究的方向。

1.3.2　主要创新点

已有关于夜市方面的相关研究较多集中于夜市文化、夜市发展与治理和夜市满意度等方面，虽然对于促进夜市发展有较好的理论与实践意义，但城市居民作为夜市的主要消费群体，他们是否前往夜市消费直接关乎夜市的生存与发展，已有文献却相对忽视了城市居民夜市消费意愿及行为生成的研究。另外，目前一般消费者行为的相关研究较多，但已有研究还没有注意到夜市消费行为领域，导致夜市消费行为相关研究的不足与缺失。虽然有学者研究了夜市满意度，但周边社区居民作为夜市发展的直接利益相关者，他们的参与与支持直接关系夜市的可持续发展，目前还没有对夜市周边居民夜市支持行为的相关研究。本书的主要创新点主要体现在以下几个方面。

（1）明晰了感知价值对城市居民夜市消费意愿作用的内在机理。现有夜市消费相关研究虽对提升消费者夜市满意度和购买意愿的夜市要素进行了挖掘，但多基于夜市视角，没有真正出于消费者的立场和将消费者夜市感知价值考虑在内。本书为明晰感知价值对城市居民夜市消费意愿作用的内在机理,在对城市居民夜市感知价值内容进行挖掘的基础上,引入情绪作为中介变量,构建城市居民感知价值与夜市消费意愿间作用的概念模型,对城市居民感知价值、情绪与夜市消费意愿间的作用路径进行了深入探究。研究结论为夜市管理者与摊贩更好地了解城市居民夜市消费需求变化,为从夜市消费价值角度制定夜市发展策略提供了新的角度和视野。

(2) 探究了夜市服务质量感知对城市居民再次消费意愿的影响机制。

已有服务质量感知相关研究较少关注夜市消费情境下的服务质量感知,服务质量感知与再次消费意愿间的内在作用机理并不明确。从夜市服务质量感知角度把握城市居民再次前往夜市消费的服务质量动因和内在作用过程,能促进夜市服务质量的优化。本书引入幸福动机作为中介变量,心理资本作为调节变量,构建夜市服务质量感知对城市居民再次消费意愿作用的概念模型,对不同夜市服务质量感知通过幸福动机对城市居民再次消费意愿影响的机理进行分析,发现了不同夜市服务质量感知的作用路径差异。研究结论为夜市经营者明确城市居民对夜市服务质量的要求和夜市服务质量优化指明了方向。

(3) 验证了计划行为理论在城市居民夜市消费意愿研究上的适用性。

计划行为理论将个体态度、主观规范和知觉行为控制视为影响个体行为意愿和行为的主要因素,不仅考虑了态度和知觉行为控制等内在因素对个体意愿及行为的影响,还将主观规范等外在影响因素考虑在内,被视为研究个体行为意愿和行为的综合理论模型。目前,计划行为理论已在消费行为领域研究中得到广泛应用,但利用该理论研究夜市消费行为还较少。本书以计划行为理论为研究的主体框架,将生活方式引入计划行为理论,通过构建扩展的计划行为理论模型对城市居民夜市消费意愿进行实证分析,综合探索和揭示了城市居民夜市消费意愿形成的内在机理。研究结论验证了计划行为理论在城市居民夜市消费意愿研究上的适用性,并拓展了计划行为理论的应用领域和范畴。

(4) 揭示了周边居民参与价值共创对夜市支持行为作用的内在机理。

相关学者虽然注意到了夜市对周边居民生活环境的影响,但多基于夜市治理角度进行研究,并未真正从周边社区居民对夜市的认知与支持角度进行研究。本书以夜市周边居民为研究对象,基于价值共创理论,以关系质量为中介变量,以环境关心为调节变量,构建了周边居民参与价值共创影响夜市支持行为的概念模型,探寻了周边居民参与价值共创与夜市支持行为间的作用机理。研究结论为夜市更好地与周边居民和谐共处、促进夜市长久发展提供了理论参考。

1.4　研究方法与路线

1.4.1　研究方法

（1）文献研究法

通过对夜间经济、夜市等国内外相关文献进行广泛收集和深入阅读，从夜间经济、夜市发展与治理、夜市消费等方面对已有相关文献进行系统梳理和分析，揭示相关文献的研究内容与研究轨迹，提出研究存在的不足，为本书研究指明方向。结合夜市消费情境和研究主题，重点介绍感知价值、服务质量感知、计划行为理论和价值共创等相关理论，为城市居民夜市消费意愿和周边居民夜市支持行为研究相关概念模型的构建提供坚实的理论基础。

（2）调研调查法

夜市在我国已有一千多年的历史，市井性和烟火气让其形态和内容在无时无刻反映当地特色文化传承和积淀的同时，又随着经济社会的发展和消费需求的变化有着深刻改变。在本书撰写的过程中，笔者前往北京大栅栏夜市、武汉户部巷夜市、杭州南宋御街夜市、南京夫子庙夜市和长沙坡子街及太平街夜市等地进行广泛调研，以便于更好地把握我国各地夜市的特色，感悟新的夜市消费行为特点和内容，为本书的构思与写作提供实践支撑。

在对所提出的假设和构建的概念模型进行检验前，本书采用问卷调查法进行样本数据的收集。为了防止所设计的量表因参考国内外已有成熟量表而脱离中国夜市消费背景，在确定相关变量的量表前对量表的题项进行反复斟酌和完善，以求所设计的量表能够符合中国人的阅读习惯和思考方式，提升调查问卷采集样本数据的真实性和可靠性。为了提升问卷发放与回收的效率，除周边居民夜市支持行为采用现场拦截调查外，城市居民夜市消费意愿的相关研究均采用问卷星网络调研平台进行问卷的发放与收集。

（3）数理分析方法

基于调查问卷所采集的样本数据，首先对所设计的量表进行信度和效度分析，并对变量间的相关性进行分析，接着采用结构方程模型或多元回归分析对所构建的主效应模型及作用关系假设进行检验，然后采用多层回归分析法对所提出的相关中介作用及调节作用假设进行检验。以上数理分析主要采用的数据分析软件包括 SPSS 20.0、AMOS16.0 等。

1.4.2　技术路线图

本书所采取的技术路线如图 1-1 所示。

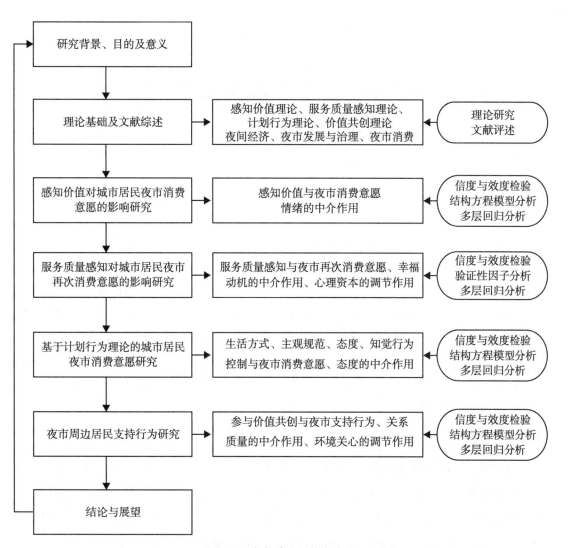

图 1-1 本书采取的技术路线

第 2 章　理论基础及文献综述

2.1　理论基础

本章首先对本书的主要理论基础进行交代和阐释，包括感知价值理论、服务质量感知理论、计划行为理论和价值共创理论，这为本书研究的立论和开展提供了完善的理论支撑。接着对与本书研究主题相关的国内外文献进行梳理和挖掘，主要包括夜间经济、夜市发展与治理和夜市消费等相关文献。通过对这些相关研究进行归纳和评述，总结了夜市消费行为相关领域的研究成果，提出了本书研究的主要方向和解决的问题，为本书的研究奠定了理论基础和文献支持。本章的内容框架如图 2-1 所示。

2.1.1　感知价值理论

（1）感知价值的概念

如何提高企业市场竞争力，一直是企业发展和学者们研究关注的重要问题。随着市场从卖方市场向买方市场的转变和相关理论研究的深入，理论界和实务界一致认同感知价值已成为企业竞争优势取得的主要来源，且这种价值不在于企业提供产品或服务的"价值"，而在于消费者的感知。① Zeithaml（1988）最早对消费者感知价值的概念进行了界定，他认为消费者不仅会对由产品或服务消费所得利益和投入成本进行权衡，还会对所购买产品或服务的效用进行总体评价，并将感知价值定义为消费者在消费产品或服务时，对所感知的利得与付出的成本进行权衡后形成的关于产品或服务效用的理性整体评价。此外，该概念界定还包括四个基本含义，即产品或服务的价格较低、产品或服务是消费者想要获取的、产品或服务物有所值、产品或服务所具有的价值符合消费者的需求。② 这一感知价值

---

①　崔登峰，黎淑美 . 特色农产品顾客感知价值对顾客购买行为倾向的影响研究——基于多群组结构方程模型［J］. 农业技术经济，2018（12）：119-129.

②　Zeithaml V A. Consumer Perceptions of Price，Quality，and Value：A Means-End Model and Synthesis of Evidence［J］. Journal of Marketing，1988，52（3）：2-22.

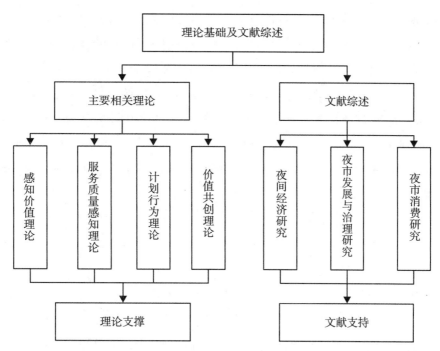

图 2-1　本章的内容框架

界定方式对后来学者们关于感知价值内涵的探索与研究起到了指导性作用，结合研究主体与情境发展出了很多关于感知价值的概念界定方式与内容，但目前感知价值的概念界定尚未统一。

　　Grewal 等（1998）对感知价值研究后认为，消费者在购买某种产品或服务前，会对购买该产品或服务所能获取的利益和所花费的成本间的比值进行总体评估，即消费者会由某种产品或服务给自己创造的利益与获得该产品或服务所花费成本的对比形成感知价值。消费者从该产品或服务处感知的利益越高于因获取付出的代价，感知价值就越大，反之则相反。[①] Kotler（1999）从让渡价值的视角对感知价值进行了界定，指出感知总价值与感知总成本的差额构成了消费者的让渡价值。其中，感知总价值主要指消费者在消费产品或服务过程中获取的一系列经济、功能及心理利益，如产品价值、人员价值、服务价值和形象价值等；感知总成本在这主要指消费者在评估、购买和使用该产品或服务时产生的相关支

---

　　① Grewal D, Monroe K B, Krishnan R. The Effects of Price-Comparison Advertising on Buyers' Perceptions of Acquisition Value, Transaction Value, and Behavioral Intentions ［J］. Journal of Marketing, 1998, 62（2）: 46-59.

出，如时间成本、金钱成本、精力成本和体力成本等。① 杨晓燕和周懿瑾（2006）提出了绿色感知价值的概念，认为绿色感知价值是消费者在消费产品过程中得到的对环境无害或危害较小、低能耗、可循环利用或可再生，且对人体生命健康无害的相关价值的总和。② 李文兵和张宏梅（2010）依据感知价值具备的主观性和情境性特点，将游客感知价值定义为游客在感知利得和利失的基础上对某一旅游情境提供的旅游产品或服务满足其旅游需求程度的总体评价。③ 许峰和李帅帅（2018）对旅游者感知价值研究认为，感知价值是旅游者对前往目的地投入的时间与金钱成本和获得的旅游体验效用之间的比较，是形成的对旅游行为经济合理性的总体评价。此外，他们还提出感知价值应为经济成本、时间成本、物质收益和精神收益的综合反映。④

已有关于感知价值概念的研究之间虽然存在一些差异，但也存在着某些共通之处。对感知价值概念界定的已有研究成果进行梳理，大致可以分为权衡理论、多因素理论和综合评价理论三类。其中，权衡理论主要围绕消费者在消费产品或服务过程中，对产品或服务感知质量、感知价格等相关利得与利失的比较、平衡和评价；多因素理论指出感知价值仅由感知质量与感知价格来评价过于简单，强调还可以从产品或服务的社会价值、情感价值以及情景价值等方面进行深入挖掘和评价；综合评价理论则认为感知价值具有多元性与复杂性，对感知价值概念的界定除了要考虑权衡理论和多因素理论外，还应将产品或服务的使用情境、目标差异性等考虑在内。⑤ 虽然 Zeithaml（1988）关于感知价值的权衡理论给以后的相关研究提供了指导，但在对感知价值进行界定时还必须将研究的情境与目的考虑在内，这样才能使得特定感知价值的概念界定更加具有说明性和针对性，并能更好地指导后续的相关研究。

本书关于夜市感知价值概念的界定主要基于综合评价理论，认为夜市感知价值是城市居民在感知利得和利失的基础上对夜市所提供的产品或服务满足其夜市消费需求程度的总体评价。

（2）感知价值的维度

从感知价值概念的相关研究不难发现，在界定感知价值概念的同时，学者们还对感知

① Kotler P. Principle of Marketing [M]. London：Prentice Hall，1999.

② 杨晓燕，周懿瑾. 绿色价值：顾客感知价值的新维度 [J]. 中国工业经济，2006（7）：110-116.

③ 李文兵，张宏梅. 古村落游客感知价值概念模型与实证研究——以张谷英村为例 [J]. 旅游科学，2010，24（2）：55-63.

④ 许峰，李帅帅. 南疆地区目的地形象与旅游者行为意向——感知价值与心理距离的中介作用 [J]. 经济管理，2018，40（1）：156-171.

⑤ 王宗水，赵红，秦绪中. 我国家用汽车顾客感知价值及提升策略研究 [J]. 中国管理科学，2016，24（2）：125-133.

价值的构成要素进行了探究和挖掘。虽然学术界对感知价值的维度构成没有取得一致的观点和结论，但一致认同感知价值维度的划分能帮助管理者更精准地把握和认识消费者的价值诉求，帮助企业更高效地满足消费者的需求，持续获得市场竞争优势。虽然有学者认为感知价值是一个单维的构念，如 Kashyap 和 Bojanic（2000）仅用 1 个测量题项对感知价值进行了测量，Chen 和 Tsai（2008）用 5 个测量题项对感知价值进行了测量，林政男（2019）用 4 个测量题项对绿色感知价值进行了测量。① 但多数研究指出单维感知价值无法准确反映和测量感知价值，感知价值应为一个多维度的构念。② 陈雪钧（2015）研究发现感知价值构成因素多维性的原因在于：首先，消费者感知利得和感知利失具有主观性、抽象性、复杂性和发展性等特点，这使得学者们对利得因素和利失因素构成的认知会存在很大差异，促进感知利得从感知质量等有形利益向社会情感等无形利益的延伸与发展和感知利失从金钱成本等货币成本向精力成本等非货币成本的延伸与发展；其次，由于感知利益是消费者在一定情境下对产品或服务的综合评价，这赋予了感知价值权变性和动态性，使得感知价值会因情境的不同而不同。③ 感知价值的这些特征导致了相关研究对感知价值的维度构成无法形成统一的认识。由于感知价值概念及其维度无法统一，学者们所开发的感知价值测量量表也会存在显著差异。

Sheth 等（1991）对消费者感知价值的维度进行了探究，结合消费者香烟消费情境，提出了消费者感知价值的五维度模型，包括功能价值、认知价值、情感价值、社会价值及情境价值。其中，功能价值主要指产品或服务能帮助消费者解决问题的功能及效用；认知价值主要指消费者能由获得的产品或服务中获得激发好奇心、获得创新性或满足求知欲的能力；情感价值主要指消费者能由消费的产品或服务改善和优化自己的感觉或情感状态；社会价值主要指消费者因消费某种产品或服务建立起与另一个或多个特定社会群联系，并由与这些群体建立的积极或消极的关系而获得的可感知的效用；情境价值则主要指消费者在消费产品或服务时所面临的外界客观条件或所处外部环境对产品或服务消费感知效用的

① Kashyap R, Bojanic D C. A Structural Analysis of Value, Quality, and Price Perceptions of Business and Leisure Travelers [J]. Journal of Travel Research, 2000, 39（1）：45-51.

Chen C F, Tsai M H. Perceived Value, Satisfaction, and Loyalty of TV Travel Product Shopping: Involvement as A Moderator [J]. Tourism Management, 2008, 29（6）：1166-1171.

林政男. 绿色营销中企业—环保事业契合对消费者绿色购买行为的影响机制研究 [D]. 长春：吉林大学，2019.

② 郭安禧，张一飞，郭英之，等. 旅游者感知价值维度对重游意向的影响机制——基于团队旅游者的视角 [J]. 世界地理研究，2019，28（1）：197-207.

③ 陈雪钧. 饭店新生代员工感知价值对离职意愿的影响研究 [D]. 泉州：华侨大学，2015.

影响，而情境不仅包括了外界客观物质条件，还包括了所处的社会环境。① 该项关于感知价值维度的研究获得了多数学者的认可和应用，但根据消费者消费产品或服务的不同以及研究情境的差异，也发展出了很多更加具有针对性和情境性的感知价值构成维度与内容。本书对感知价值的多维度研究成果进行了归纳，如表 2-1 所示。

在旅游学领域，Petrick（2002）对游客感知价值的维度进行了开发，提出游客感知价值应包括质量、情感反应、货币成本、行为成本、信誉等五个维度。② Sánchez 等（2006）通过研究游客消费旅行社包价产品时的感知价值发现，游客感知价值应包括旅行社功能价值、旅行社联络人员的功能价值、包价产品功能质量、包价产品功能价格、情感价值、社会价值等六个维度。③ 魏遐和潘益听（2012）对湿地公园游客感知价值进行了研究，提出游客湿地公园感知价值主要包括服务体验、特色体验、教育体验、成本体验、生态体验、信任体验和关怀体验等七个维度。④ 周玮等（2012）对游客免费开放城市公园感知价值的构成维度进行了挖掘，提出游客对免费开放城市公园的感知价值包括五个维度：环境价值、休闲价值、文化价值、感知价格和服务价值。⑤ 王莉等（2014）对游客湿地公园感知价值的维度探索发现，游客湿地公园感知价值应包括环境价值、特色价值、服务价值、管理价值、知识教育价值和成本价值等六个维度，且特色价值、管理价值和知识教育价值三个维度为湿地公园感知价值的特有维度。⑥ 赵磊等（2018）对西溪国家湿地公园游客感知价值进行研究指出，西溪国家湿地公园游客感知价值应包括服务价值、认知价值、情感价值、特色价值、环境价值、成本价值、管理价值和信任价值等八个维度。⑦ 陈志军和徐飞雄（2021）在研究乡村民宿旅游地的游客感知价值时，将游客感知价值划分为情感价值、

①　Sheth J N, Newman B I, Gross B L. Why We Buy What We Buy: A Theory of Consumption Values [J]. Journal of Business Research, 1991, 22 (2): 159-170.

②　Petrick J F. Development of A Multi-Dimensional Scale for Measuring the Perceived Value of A Service [J]. Journal of Leisure Research, 2002, 34 (2): 119-134.

③　Sánchez J, Callarisa L, Rodríguez RM, et al. Perceived Value of the Purchase of A Tourism Product [J]. Tourism Management, 2006, 27 (3): 394-409.

④　魏遐, 潘益听. 湿地公园游客体验价值量表的开发方法——以杭州西溪湿地公园为例 [J]. 地理研究, 2012 (6): 1121-1131.

⑤　周玮, 黄震方, 殷红卫, 等. 城市公园免费开放对游客感知价值维度的影响及效应分析——以南京中山陵为例 [J]. 地理研究, 2012, 31 (5): 873-884.

⑥　王莉, 张宏梅, 陆林, 等. 湿地公园游客感知价值研究——以西溪/溱湖为例 [J]. 旅游学刊, 2014, 29 (6): 87-96.

⑦　赵磊, 吴文智, 李健, 等. 基于游客感知价值的生态旅游景区游客忠诚形成机制研究——以西溪国家湿地公园为例 [J]. 生态学报, 2018, 38 (19): 7135-7147.

认知价值和成本价值等三个维度。①

在网络消费领域，Bourdeau 等（2002）对大学生网络消费感知价值进行分析指出，大学生网络消费感知价值主要包括社会价值、学习价值、购物价值、享乐价值和实用价值等五个维度。② 吴锦峰等（2014）认为网络环境下顾客感知价值包括结果性价值、程序性价值和情感性价值等三个维度。③ Marbach 等（2016）对虚拟品牌社区消费者感知价值研究发现，消费者虚拟品牌社区感知价值主要包括利他价值、美学价值、社会价值、效能感、杰出感与愉快感等六个维度。④ 李宗伟等（2017）研究指出，在网络购物情境下，消费者感知价值主要包括产品感知价值、服务感知价值和社会感知价值等三个维度。⑤ 李伟卿等（2021）根据 B2C 购物环境下产品消费特点，将消费者感知价值分为品质感知价值、价格感知价值、服务感知价值和社会感知价值等四个维度。⑥ 云慧等（2021）对网络百科用户进行研究指出，结合网络百科的特点，网络百科用户感知价值主要包括感知利他价值、感知学习价值和感知社交价值等三个维度。⑦

在绿色消费领域，Ottman（2008）研究指出绿色产品感知价值主要包括效用、健康、性能、象征和方便等五个维度。⑧ 张启尧和孙习祥（2015）从消费者视角对绿色品牌价值的构成维度进行了研究，指出绿色品牌价值可分为绿色品牌认知、绿色品牌感知质量、绿色品牌忠诚、绿色品牌联想和绿色感知价值等五个维度。⑨ 王大海等（2018）研究认为绿

---

① 陈志军，徐飞雄. 乡村民宿旅游地游客忠诚度影响因素及作用机制——基于 ABC 态度模型视角的实证分析［J］. 经济地理，2021，41（5）：232-240.

② Bourdeau L, Chebat J C, Couturier C. Internet Consumer Value of University Students：E-mail-vs.-Web Users［J］. Journal of Retailing & Consumer Services, 2002, 9（2）：61-69.

③ 吴锦峰，常亚平，潘慧明. 多渠道整合质量对线上购买意愿的作用机理研究［J］. 管理科学，2014，27（1）：86-98.

④ Marbach J, Lages C R, Nunan D. Who are You and What Do You Value? Investigating the Role of Personality Traits and Customer-Perceived Value in Online Customer Engagement［J］. Journal of Marketing Management, 2016, 32（5-6）：502-525.

⑤ 李宗伟，张艳辉，栾东庆. 哪些因素影响消费者的在线购买决策？——顾客感知价值的驱动作用［J］. 管理评论，2017，29（8）：136-146.

⑥ 李伟卿，池毛毛，王伟军. 基于感知价值的网络消费者偏好预测研究［J］. 管理学报，2021，18（6）：912-918.

⑦ 云慧，黄令贺，李雪丽，等. 感知价值对网络百科用户持续贡献意愿的影响：社区认同的中介作用［J］. 情报工程，2021，7（3）：109-119.

⑧ Ottman J A. The Five Simple Rules of Green Marketing［J］. Design Management Review, 2008（2）：434-478.

⑨ 张启尧，孙习祥. 基于消费者视角的绿色品牌价值理论构建与测量［J］. 北京工商大学学报（社会科学版），2015，30（4）：85-92.

色感知价值可以划分为绿色价值和情感价值两个维度。① 周妮笛等（2018）将乡村生态旅游游客感知价值分为环境价值、游玩价值、产品价值、服务价值和感知价格等五个维度。② 陈凯等（2019）对消费者新能源汽车感知价值的构成维度进行了剖析，认为新能源汽车感知价值可划分为价格因素、情感价值、品牌价值和质量价值等四个维度。③ 张学睦和王希宁（2019）将消费者绿色产品感知价值分为了环境价值、社会价值、功能价值—质量和功能价值—价格四个维度。④

表 2-1　　　　　　　　　　　感知价值的多维度研究成果汇总

研究领域	作者	研究情境	感知价值维度
旅游学	Petrick（2002）	旅游服务	质量、情感反应、货币成本、行为成本、信誉
	Sánchez 等（2006）	旅行社包价产品	旅行社功能价值、旅行社联络人员的功能价值、包价产品功能质量、包价产品功能价格、情感价值、社会价值
	魏遐和潘益听（2012）	湿地公园	服务体验、特色体验、教育体验、成本体验、生态体验、信任体验和关怀体验
	周玮等（2012）	免费开放城市公园	环境价值、休闲价值、文化价值、感知价格和服务价值
	王莉等（2014）	湿地公园	环境价值、特色价值、服务价值、管理价值、知识教育价值和成本价值
	赵磊等（2018）	西溪国家湿地公园	服务价值、认知价值、情感价值、特色价值、环境价值、成本价值、管理价值和信任价值
	陈志军和徐飞雄（2021）	乡村民宿旅游地	情感价值、认知价值和成本价值

① 王大海，段坤，张驰，等. 绿色产品重复购买意向研究——基于广告诉求方式的调节效应 [J]. 软科学，2018，32（2）：134-138.

② 周妮笛，李毅，徐新龙，等. 基于 IPA 方法的乡村生态旅游游客价值感知影响因素分析——以广西钟山县龙岩生态村为例 [J]. 中南林业科技大学学报，2018，38（12）：142-146.

③ 陈凯，顾荣，胡静. 基于感知收益—感知风险框架的新能源汽车购买意愿研究 [J]. 南京工业大学学报（社会科学版），2019，18（2）：61-70，112.

④ 张学睦，王希宁. 生态标签对绿色产品购买意愿的影响——以消费者感知价值为中介 [J]. 生态经济，2019，35（1）：59-64.

续表

研究领域	作者	研究情境	感知价值维度
网络消费	Bourdeau 等（2002）	大学生网络消费	社会价值、学习价值、购物价值、享乐价值和实用价值
	吴锦峰等（2014）	网络环境	结果性价值、程序性价值和情感性价值
	Marbach 等（2016）	虚拟品牌社区	利他价值、美学价值、社会价值、效能感、杰出感与愉快感
	李宗伟等（2017）	网络购物	产品感知价值、服务感知价值和社会感知价值
	李伟卿等（2021）	B2C 购物	品质感知价值、价格感知价值、服务感知价值和社会感知价值
	云慧等（2021）	网络百科	感知利他价值、感知学习价值和感知社交价值
绿色消费	Ottman（2008）	绿色产品	效用、健康、性能、象征和方便
	张启尧和孙习祥（2015）	绿色品牌	绿色品牌认知、绿色品牌感知质量、绿色品牌忠诚、绿色品牌联想和绿色感知价值
	王大海等（2018）	绿色产品	绿色价值和情感价值
	周妮笛等（2018）	乡村生态旅游	环境价值、游玩价值、产品价值、服务价值和感知价格
	陈凯等（2019）	新能源汽车	价格因素、情感价值、品牌价值和质量价值
	张学睦和王希宁（2019）	绿色产品	环境价值、社会价值、功能价值—质量和功能价值—价格

资料来源：本研究整理

从以上不同领域的感知价值维度划分可以发现，由于研究情境和主体的差异，相关研究对感知价值维度的划分无法取得完全一致，这也表明在特定的情境下可能存在不同于其他情境的独特感知价值维度。夜市作为集购物、休闲娱乐、游览等多种业态于一体的聚集区和消费目的地，城市居民对夜市感知价值的构成维度也必然会与其他领域和情境的划分方式与内容存在差异。本书将借鉴已有感知价值维度的研究成果，结合夜市消费情境和研究目的，对夜市感知价值的维度进行划分，以便对相关假设的设定和关系进行推导。

2.1.2　服务质量感知理论

（1）服务质量感知的概念

在对服务质量感知的概念进行界定前，有必要梳理服务质量理论的发展历程，以便更好地把握服务质量感知提出的背景，理解服务质量感知的本质和内涵。质量是企业发展和社会大众消费生活普遍关注的重点问题，直接影响着企业的竞争力和可持续发展水平以及人民的生活质量和幸福感。为了提升质量管理水平和促进世界各国的贸易往来，国际标准化组织（ISO）在 1987 年发布了全球第一个质量管理和质量保证系列国际标准——ISO9000 系列标准。ISO9000 系列标准对质量进行了定义，指出质量是"一组固有特性满足要求的程度"，而其中的要求主要指相关规范、技术要求和文件指标等明确规定的、消费者和利益相关者所需要或期望的以及公认和约定俗成的规范等。从该定义可以发现，质量存在两种判断标准，一种是符合明确的客观质量标准，一种是达到用户内在使用感受的主观质量标准。随着服务业的蓬勃发展和所占比重的持续提升，如何保证和管理服务质量开始成为摆在企业面前的现实问题。有学者认为，可以将对传统工业产品的质量管理规范与措施推广到对服务质量的管理上来，指出服务质量的提升应借鉴和引入工业产品的流水作业法，通过大规模生产提高服务的标准化水平。[1] 但也有学者认为，服务与产品存在着一些本质的差异，如服务的无形性、易逝性等，若服务质量管理借鉴或沿用产品质量的管理方式，这可能会导致"营销近视症"的出现。[2]

随着对服务质量研究的深入，服务营销之父 Grönroos（1982）结合认知心理学理论首先提出了"服务质量感知"一词，其强调消费者对服务质量的感觉才是最重要的，服务质量应由消费者而非企业进行判断，并从心理学层面将服务质量感知定义为消费者对期望服务与实际感知服务之间的差异比较。[3] PZB（1985）继续对服务质量感知的内涵进行了挖掘，研究指出服务质量感知可从消费者服务期望、服务过程质量和服务结果质量三个方面进行综合判断，当消费者服务期望无法达到时，说明质量不佳；当达到消费者服务期望时，说明质量可接受；当超过消费者服务期望时，说明质量良好。[4] 在此基础上，学者们继续对服务质量感知的概念进行了研究。马耀峰等（2009）将旅游服务质量感知界定为游

---

① Levitt T. Production-Line Approach to Service [J]. Harvard Business Review, 1972, 50: 42-52.

② Shostack G L. Breaking Free from Product Marketing [J]. Journal of Marketing, 1977, 41 (2): 73-80.

③ Grönroos C. Strategic Management and Marketing in the Service Sector [R]. Research Reports No. 8, Swedish School of Economics and Business Administration, Helsinki, 1982.

④ Parasuraman A, Zeithaml V A, Berry L L. A Conceptual Model of Service Quality and Its Implications for Future Research [J]. Journal of Marketing, 1985, 49 (4): 41-50.

客在对比所接受的现实服务水平和期望服务目标的基础上所形成的对该项服务的评价与感知。[①] 汪旭晖和张其林（2015）认为服务质量感知是消费者对某一渠道整体服务质量的主观评价，并从线下渠道服务质量感知和线上渠道服务质量感知两个方面进行了区分。其中，线下渠道服务质量感知是消费者对线下实体店消费环境、设施配备和消费互动等的综合评价；线上渠道服务质量感知是消费者对线上消费网页设计、网站布局和个性化服务等的综合评价。[②] 王高山等（2019）将电子服务质量定义为消费者对网站功能满足其消费需求的感知和对该网站性能的综合评价。[③] 芮正云和马喜芳（2020）则将网络众包社区服务质量感知定义为，消费者对社区服务平台、服务内容、服务过程和服务结果等方面的总体感知与评价。[④]

从已有服务质量感知概念研究可以发现，相关研究成果多基于 Grönroos（1982）和 PZB（1985）对服务质量感知概念的界定发展而来，但融入了研究情境和主体，使得在概念的描述上存在一定差异。本书对夜市服务质量感知概念的界定也借鉴已有成熟研究成果，认为夜市服务质量感知是消费者对夜市服务的一种主观感知与评价，且主要取决于消费者对夜市服务质量期望与实际夜市服务感知之间的差距。

（2）服务质量感知的理论模型

由服务质量感知的概念可以发现，服务质量主要由消费者进行主观评价判断，这使得服务质量感知的评价方法和角度多种多样，学者们根据对服务质量感知的不同理解与研究需求提出了各种服务质量感知研究的理论模型。其中，比较有代表性的有 Grönroos（1982）提出的服务质量感知模型，PZB（1985）提出的服务质量差距模型，PZB（1988）提出的 SERVQUAL 模型，Rust 和 Oliver（1994）提出的服务质量三要素模型等。

Grönroos（1982）在首次提出并对服务质量感知概念进行界定的同时，还提出了服务质量感知模型，如图 2-2 所示。在 Grönroos（1982）提出的服务质量感知模型中，除了与概念相呼应，认为服务质量感知属于主观范畴，是消费者在接受服务后形成的一种主观概念外，还提出服务质量感知的程度与方向是由消费者服务预期与实际服务感知之间的差距所决定的。与此同时，该模型还指出消费者的服务预期会受到营销、口碑、形象和消费者

① 马耀峰，王冠孝，张佑印，等. 古都国内游客旅游服务质量感知评价研究——以西安市为例 [J]. 干旱区资源与环境，2009，23（6）：176-180.

② 汪旭晖，张其林. 感知服务质量对多渠道零售商品牌权益的影响 [J]. 财经问题研究，2015 (4)：97-105.

③ 王高山，张新，徐峰，等. 电子服务质量对顾客契合的影响：顾客感知价值的中介效应 [J]. 大连理工大学学报（社会科学版），2019，40（2）：67-76.

④ 芮正云，马喜芳. 网络众包社区服务质量感知对用户知识行为的影响——一个多重中介作用模型 [J]. 运筹与管理，2020，29（12）：125-132.

需求等因素的影响；消费者的实际服务感知则会受到服务的效用和服务传递过程等因素的影响。①

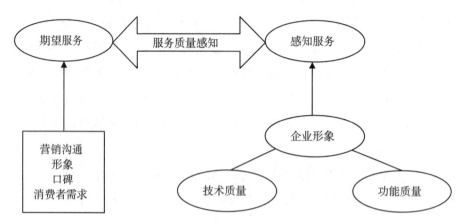

图 2-2　Grönroos（1982）提出的服务质量感知模型

PZB（1985）也认同服务质量感知应由消费者服务预期与实际服务感知之间的差距所决定的观点，并在此基础上提出了服务质量感知的差距模型，如图 2-3 所示。服务质量感知的差距模型强调，虽然企业可以通过相关的标准和规范来管理质量，但是对于消费者而言，他们都是通过主观判断来对质量进行感知和评价的。此外，企业可以通过标准化提供相同的服务，但是因消费者个人对服务质量预期的差异以及所面对的外部情境不同，这些都可能会导致消费者对同样的服务形成不同的质量感知。服务质量感知的差距模型指出，任何服务类企业要满足消费者的需求，都必须弥补该模型中的五个缺口。这五个缺口主要包括：

缺口 1：管理者与消费者之间的感知缺口。管理者所认为的消费者服务期望与消费者自身的服务期望存在着明显差异。究其原因，主要是企业并不知道消费者需要什么样的服务，不能准确预测消费者的服务期望，不能准确提供相关服务。

缺口 2：管理者感知与服务质量规范之间的缺口。管理者可能已经感知到消费者服务期望，但是由于条件的限制或者没有按照规范执行，使得提供给消费者的服务明显低于管理者的感知。这种缺口通常可以通过服务的规范化操作来弥补，并可以实现服务的标准化管理。

缺口 3：服务质量规范与服务传递之间的缺口。这表明企业提供给消费者的服务没有

---

① Grönroos C. Strategic Management and Marketing in the Service Sector [R]. Research Reports No. 8, Swedish School of Economics and Business Administration, Helsinki, 1982.

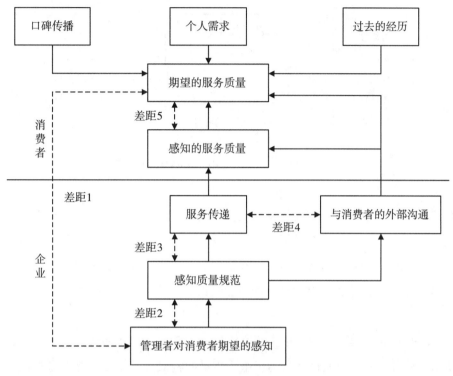

图 2-3　PZB（1985）提出的服务质量差距模型

达到企业的质量规范。通常而言，企业员工对服务规范的理解不一、服务提供没有按照规范严格执行、企业员工个人服务水平与能力不足等都可能是导致这一缺口的原因。

　　缺口4：服务传递与消费者沟通之间的缺口。企业对提供的服务会进行宣传，但并非总会将真实的服务信息与价值传递给消费者。企业有时会进行夸大宣传和虚假印象，导致消费者产生受骗上当的感觉；有时则宣传不够，导致消费者服务消费动力不足，这些都是第四个缺口产生的原因。

　　缺口 5：消费者期望的服务质量与感知的服务质量之间的缺口。消费者实际体验到的服务与其对服务体验效果的预期之间会存在一定的差距。从整个模型看，这一缺口是五大缺口中最主要的缺口，会受到前面四个缺口中的某一个或者多个缺口的影响。①

　　在所提出的服务质量差距模型的基础上，PZB（1988）通过进一步探究，提出了服务质量感知的 SERVQUAL 模型。SERVQUAL 模型认为，消费者服务质量感知主要包括五个要素：①可靠性，即企业能精准地向消费者提供其所需要的服务；②响应性，即企业能够

①　Parasuraman A, Zeithaml V A, Berry L L. A Conceptual Model of Service Quality and Its Implications for Future Research ［J］. Journal of Marketing, 1985, 49（4）：41-50.

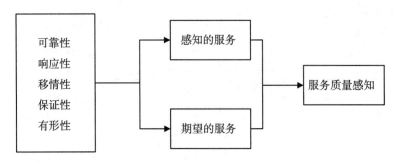

图 2-4　PZB（1988）提出的 SERVQUAL 模型

实时响应消费者的需求，为消费者提供便捷高效的服务；③移情性，即企业在提供服务的过程中能关心爱好消费者，及时掌握消费者的需求，通过服务提升企业与消费者之间的情感联结；④保证性，即企业服务人员具有较强的服务水平与能力，能提升消费者对服务质量的信心和对企业的信任；⑤有形性，即企业提供服务的有形载体，如设备、服务人员形象等。①

Rust 和 Oliver（1994）在总结前人研究成果的基础上提出了服务质量三要素模型，如图 2-5 所示。服务质量三要素模型认为，服务质量的构成要素主要包括服务产品、服务传递和服务环境三个方面。其中，服务产品主要指服务提供的内容；服务传递主要指服务提供的过程；服务环境则主要指提供服务时所处的场所和面对的外部环境。②

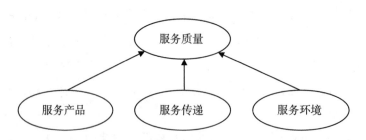

图 2-5　Rust 和 Oliver（1994）提出的服务质量三要素模型

（3）服务质量感知的测量维度

在服务质量感知概念和模型研究的基础上，学者们还针对服务质量感知的测量维度进

---

　　① Parasuraman A, Zeithaml V A, Berry L L. SERVQUAL: A Multiple-Item Scale for Measuring Consumer Perceptions of Service Quality [J]. Journal of Retailing, 1988, 64 (1): 12-40.

　　② Rust R, Oliver R L. Service Quality: New Directions in Theory and Practice [M]. Thousand Oaks, CA: Sage Publication, 1994.

行了探索。由服务质量感知的概念和模型可知，服务质量感知存在情境性、主观性和复杂性等特点，这也进一步导致服务质量感知的测量维度同样没有形成统一的结论。目前学术界引用和借鉴最多的服务质量感知测量维度是由 PZB（1988）提出的 SERVQUAL 模型以及 Rust 和 Oliver（1994）提出的服务质量三要素模型发展而来的。PZB（1988）提出的 SERVQUAL 模型认为可以将服务质量感知分为有形性、可靠性、响应性、保证性和移情性等五个维度。① Rust 和 Oliver（1994）提出的服务质量三要素模型将服务质量感知分为服务产品、服务传递和服务环境三个维度。② 由于研究领域和情境存在差异，相关研究还发展出了很多不同的服务质量感知测量维度划分方式。

李珊珊和陈光（2016）结合公共交通的特点，借鉴 SERVQUAL 模型将乘客服务质量感知分为有形性、便利性、安全性和可靠性等四个维度。③ 魏华等（2016）从网购消费者感知视角提出了物流服务质量感知应包含七个维度，分别是交付质量、人员素质、误差处理质量、订购质量、沟通质量、方便性和灵活性。④ 权春妮和范月娇（2018）参考 SERVQUAL 模型维度划分方式，并结合跨境网购的特点，将跨境物流服务质量感知划分为时效性、安全性、经济性、可靠性、配送人员沟通质量等五个维度。⑤ 王高山等（2019）将社会化商务电子服务质量感知划分为五个维度：交互性、便利可靠性、隐私安全性、界面美观性和个性化推荐。⑥ 杨璇等（2020）将参展商服务质量感知划分为会展专业服务、办展宏观环境、办展微观环境和展会信息获取四个维度。⑦ 刘欢和赵红（2021）结合外卖移动购物交易情境，提出外卖移动 Apps 感知服务质量可以分为感知服务态度、感知发货速度和感知保障服务等三个维度。⑧

总体来看，服务质量感知概念与模型的相关研究成果为服务质量感知测量维度的发展

---

① Parasuraman A, Zeithaml V A, Berry L L. SERVQUAL: A Multiple-Item Scale for Measuring Consumer Perceptions of Service Quality［J］. Journal of Retailing, 1988, 64（1）: 12-40.

② Rust R, Oliver R L. Service Quality: New Directions in Theory and Practice［M］. Thousand Oaks, CA: Sage Publication, 1994.

③ 李珊珊，陈光. 感知服务质量对公共交通乘客满意度影响的实证研究［J］. 铁道运输与经济，2016, 38（2）: 60-66.

④ 魏华，王勇，邓仲华. 基于消费者感知的网购物流服务质量测评［J］. 中国流通经济，2016, 30（1）: 88-94.

⑤ 权春妮，范月娇. 跨境网购背景下物流服务质量对顾客满意度影响的实证研究——以感知价值为中介［J］. 哈尔滨商业大学学报（社会科学版），2018（5）: 98-107, 116.

⑥ 王高山，张新，徐峰，等. 电子服务质量对顾客契合的影响：顾客感知价值的中介效应［J］. 大连理工大学学报（社会科学版），2019, 40（2）: 67-76.

⑦ 杨璇，何彪，徐玲俐. 参展商感知服务质量对再次参展意愿影响研究——以海南部分展会为例［J］. 旅游论坛，2020, 13（6）: 36-45.

⑧ 刘欢，赵红. 基于外卖 Apps 的移动终端购买意愿研究［J］. 管理评论，2021, 33（2）: 207-216.

和探索提供了理论和实证基础。虽然服务质量感知测量维度并不统一，但也可以发现不仅不同行业的服务质量感知维度划分存在差异，不同人群和情境的服务质量感知维度划分也不尽相同，可见服务质量感知维度的划分应根据具体的研究问题和研究情境来进行有针对性的探索。相关研究成果为本书关于夜市服务质量感知维度的划分提供了重要的依据和参考。

2.1.3　计划行为理论

（1）计划行为理论的内涵

计划行为理论作为消费者行为学领域应用最为广泛的理论之一，已经被大量应用于对消费者行为意愿与行为产生的预测研究。最初消费者行为学研究认同消费者态度决定其行为意愿的产生，但理性行为理论（TRA）进一步认为消费者行为在一定程度上是由其行为意愿决定的，且消费者行为意愿又是由其态度和主观规范所决定的。理性行为理论（TRA）假设大多数消费者是理性的，其行为的产生是受到其意志控制的，且其在实施该项行为前还会基于所收集的相关信息对行为的意义与影响进行判断。由于理性行为理论能够用于预测和解释消费者行为意愿向行为转化的内在机理，因此在消费者行为学领域研究中被广泛采用。随着研究的深入，理性行为理论的缺陷也开始显现出来。理性行为理论的前提条件为消费者的行为是在他们对行为后果进行了深入理性的判断后形成的，但在现实中，消费者的很多行为并非或者不受其意志所控制。如在绿色消费行为研究中存在的经典"态度—行为"差距现象，即消费者认同绿色产品或品牌的环境友好性和生态效用，且表现出对绿色产品或品牌正面的态度，但可能因自身收入较低或可得性等问题，降低或消除了对绿色产品或品牌的购买意愿。[①] 这使得理性行为理论的解释力受到了质疑，还需要对理性行为理论作进一步研究和完善。

Ajzen（1991）在理性行为理论基础上提出了计划行为理论（TPB），并指出影响消费者行为意愿的因素除了包括理性行为理论中的态度和主观规范两个要素之外，还应包括感知行为控制这一新的要素。感知行为控制属于影响消费者行为意愿的非个人意志因素，主要指消费者在采取特定行为时所感知到的难易程度。[②] 通过对理性行为理论的补充和发展，计划行为理论增强了该理论对消费者非理性行为的解释力，提升了其对消费者行为意愿与行为产生原因解释的全面性和综合性。计划行为理论与理性行为理论的对比如图 2-6

---

① 高键. 生活方式对消费行为的绿色转化研究——基于绿色心理路径的多重中介效应检验 [D]. 长春：吉林大学，2017.

② Ajzen I. The Theory of Planned Behavior [J]. Organizational Behavior & Human Decision Processes, 1991, 50（2）：179-211.

所示。

由图 2-6 可知，计划行为理论强调消费者行为意愿对行为的产生有直接影响，且行为态度、主观规范和知觉行为控制三个变量对消费者行为意愿有直接影响。一般来说，当消费者的态度越积极，主观规范越高，知觉行为控制越强，消费者的行为意愿就会越强；而当消费者越希望执行某项行为时，他们产生该项行为的程度也会越高。以下对计划行为理论所包含的主要核心构念的内涵进行阐述。

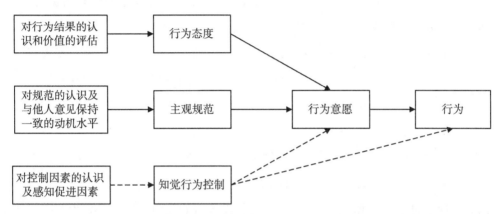

图 2-6　计划行为理论与理性行为理论对比（虚线部分为计划行为理论新增部分）

①行为态度。行为态度体现了消费者对某项特定行为的喜好程度，反映了消费者对采取某项特定行为的积极或者消极的信念。行为态度作为计划行为理论的核心要素，能直接对消费者行为意愿产生影响。此外，计划行为理论认为，消费者行为态度的形成主要源于消费者对行为结果的认识和对行为结果的价值评估两个方面。在本书的研究中，采用夜市消费态度这一构念说明城市居民对夜市消费的行为态度。按照计划行为理论的观点，夜市消费态度越积极，通常城市居民形成夜市消费意愿的可能性就越高。

②主观规范。主观规范主要指消费者在采取某项特定行为时从其他人或群体感知到的社会压力，体现了他人或群体对消费者行为决策产生的影响，即消费者是否产生某项特定行为需要考虑其受外界群体或个体影响程度的大小。当消费者感受到该特定行为会受到他人或群体认同时，其采取该项行为的意愿就会更加强烈。计划行为理论认为消费者对规范的认识及与他人意见保持一致的动机水平决定了主观规范作用的大小。在本书的研究中，夜市消费情境下的主观规范主要指城市居民由他人或群体感知到关于夜市消费的社会压力。

③知觉行为控制。知觉行为控制体现了消费者对促进或阻碍其采取某项特定行为因素的知觉，且这些存在的阻碍或支持因素是由消费者自己感知到的而非真实存在的。知觉行

为控制与自我效能等概念具有相似之处，包括如个人能力、技能、情绪等内在控制因素以及如可得性、机会等外部控制因素。计划行为理论认为，消费者知觉行为控制主要是由对控制因素的认识和对促进因素的感知所决定的。在本书的研究中，夜市消费情境下的知觉行为控制主要指城市居民对采取夜市消费行为难易程度的自我判断与感知。

（2）计划行为理论的发展

计划行为理论对消费者行为意愿和行为形成的解释作用受到了学者们的广泛认可并在研究中得到了推广与应用。Christopher 等（2001）对计划行为理论的解释力进行了研究，整体而言，计划行为理论对行为产生的解释力处于 30%~60% 的水平；局部来看，行为态度与主观规范对行为意愿的解释力处于 33%~50% 的水平，知觉行为控制对行为意愿的解释力则较低，处于 5%~12% 的水平。① 可见，虽然计划行为理论对行为意愿和行为的产生具有一定的解释力，但解释的水平仍偏低，没能对大部分行为意愿和行为产生的原因进行解释。这也表明，除行为态度、主观规范和知觉行为控制外，还存在能对行为意愿和行为产生影响的其他变量。② 这导致计划行为理论受到了一些学者的批评，这些批评主要聚焦于：计划行为理论中的行为态度、主观规范与知觉行为控制仅能作为行为产生的前提条件，无法为行为的生成提供动力；消费者的行为态度可能会因使用经验发生改变，忽视了行为的反向作用；行为态度、主观规范和知觉行为控制三者间可能存在内在联系等。③ 针对这些问题，学者们展开了进一步研究。一些研究发现，行为态度、主观规范和知觉行为控制三者间存在相关关系，且主观规范和知觉行为控制会通过行为态度的中介作用影响行为意愿。④ 此外，学者们还认为除了行为态度、主观规范和知觉行为控制等变量外，还可以在计划行为理论中增加其他变量以扩展计划行为理论，提升计划行为理论的解释力。Ajzen（1991）提出对计划行为理论进行扩展，加入新的变量需要达到以下两个基本条件：首先，新变量需结合具体的研究情境，具有针对性和理论意义；其次，新变量作为计划行为理论的补充和发展，应能有效地对行为意愿和行为进行预测。⑤

---

① Christopher J, Armitage, Conner M. Efficacy of the Theory of Planned Behaviour: A meta-analytic review [J]. British Journal of Social Psychology, 2001, 40 (4): 471-499.

② 柴晶鑫. 大学生手机依赖行为意向及影响因素研究 [D]. 长春: 吉林大学, 2017.

③ 姚涛. 基于延伸的计划行为理论的网络游戏持续使用研究 [D]. 杭州: 浙江大学, 2006.

④ 张琰, 崔枫, 吴霜霜, 等. 航空旅行者碳补偿支付意愿影响因素研究——基于计划行为理论与规范激活理论的综合研究框架 [J]. 干旱区资源与环境, 2017, 31 (11): 9-14.

陆敏, 殷樱, 陶卓民. 基于计划行为理论的游客不文明行为产生机理研究 [J]. 干旱区资源与环境, 2019, 33 (4): 196-202.

⑤ Ajzen I. The Theory of Planned Behavior [J]. Organizational Behavior & Human Decision Processes, 1991, 50 (2): 179-211.

为了更好地提升计划行为理论对行为意愿和行为解释力的预测效果，学者们在使用计划行为理论进行研究的过程中对该模型进行了扩展，并取得了较好的研究效果。杨留花和诸大建（2018）从社会心理学角度出发，在计划行为理论的基础上，增加后果感知和制度感知两个变量，构建了用户规范停放共享单车合作意向的研究框架，探究共享单车规范停放行为意向的影响因素。① 石志恒等（2020）从农户经济学特征与社会学属性角度出发，在计划行为理论的基础上，通过增加经济理性与环境价值观两个变量，建立了农户绿色生产意愿的扩展计划行为理论研究框架。② 熊长江等（2020）利用扩展计划行为理论框架对游客旅游生态补偿支付意愿进行研究，在所构建的扩展计划行为理论分析框架中除包括游客行为态度、主观规范及知觉行为控制外，还将游客的自然环境认知和人文环境认知纳入理论框架，形成扩展的计划行为理论模型。③ 戴小俊和马蕾（2021）在计划行为理论基础之上，增加道德规范与环境关心两个变量对计划行为理论模型进行扩展，探讨了游客生态旅游行为的影响因素。④ 由此可见，扩展计划行为理论已被广泛应用于不同的行为学研究，扩展后的计划行为理论在行为学的相关研究中能更好地发挥其理论价值和适用性。在本书的研究中，为提升城市居民夜市消费意愿研究的综合解释力，同样根据夜市消费特征和夜市消费情境，采用扩展的计划行为理论对城市居民夜市消费意愿的影响因素进行深入分析。

2.1.4 参与价值共创理论

（1）价值共创的概念

感知价值理论提出价值创造是企业竞争优势取得的主要来源，且这种价值不在于企业提供产品或服务的"价值"，而在于消费者的感知。这种观点摆脱了传统企业是价值创造者和消费者是价值接受者的传统认识，强调了消费者在价值创造中的引领作用。不论是单纯的企业创造价值还是以消费者感知价值为导向，都没有将消费者与企业视为价值创造的共同体。随着研究的深入，消费者被发现会作为资源和共同生产者参与到企业的生产经营活动中，通过两者的互动，实现更多的价值创造。Ramírez（1999）提出了价值共同生产

---

① 杨留花，诸大建. 扩展计划行为理论框架下共享单车规范停放行为意向的影响因素分析 [J]. 中国人口·资源与环境，2018，28（4）：125-133.

② 石志恒，崔民，张衡. 基于扩展计划行为理论的农户绿色生产意愿研究 [J]. 干旱区资源与环境，2020，34（3）：40-48.

③ 熊长江，姚娟，赵向豪，等. 扩展计划行为理论框架下游客旅游生态补偿支付意愿研究——以天山天池世界自然遗产地为例 [J]. 地域研究与开发，2020，39（3）：111-117.

④ 戴小俊，马蕾. 基于TPB扩展模型的生态旅游行为影响因素实证研究 [J]. 生态经济，2021，37（2）：120-126.

的概念，认为除企业外，消费者也会参与价值的生产，企业与消费者共同实现价值生产。① 价值共同生产注意到消费者在价值创造中的地位，但该理论并未完全脱离以企业为主导的价值创造，消费者仍然被作为一种生产要素资源用于企业规定的生产活动，使得消费者无法在价值创造过程中发挥主体地位。② 直到价值共创理论被提出，消费者在价值创造中的主体地位才真正被确定下来。价值共创理论认为，价值应始终由消费者决定，消费者的体验和感知对价值的创造起决定性作用。随着价值共创理论的发展，目前关于价值共创理论有两种不同的观点，一种是 Prahalad 和 Ramaswamy（2000）提出的消费者体验导向的价值共创理论；③ 一种是 Vargo 和 Lusch（2004）提出的基于服务主导逻辑的价值共创理论。④

对于消费者体验导向的价值共创理论，Prahalad 和 Ramaswamy（2000）通过挖掘消费者和企业共同创造价值的相关案例指出，共创价值就是消费者和企业对消费者体验价值的共同创造，消费者已从被动的消费体验接受者转变为创造者，并基于与企业的沟通和互动创造属于消费者自己的个性化体验。⑤ 该发现后被称为消费者体验导向的价值共创理论。由于消费者体验过程和价值共创是同步进行的，这使得消费者与企业共同创造价值的过程也自然成为消费者体验价值形成的过程。消费者体验导向的价值共创理论强调消费者消费和使用过程的共创体验是价值创造的基础，且消费者消费过程是价值创造的最后和关键活动。⑥ Prahalad 和 Ramaswamy（2004）继续对消费者体验导向的价值共创理论研究指出，由于消费者体验是消费者与企业价值共创的核心和主要内容，这要求企业必须转换身份，从传统消费体验的生产和销售方转变为为消费者搭建新消费体验环境，以便于消费者依托新的消费体验环境创造对其而言更加独特和不一般的消费体验。⑦ 可见，消费者体验导向

---

① Ramírez R. Value Co-Production：Intellectual Origins and Implications for Practice and Research ［J］. Strategic Management Journal，1999，20（1）：49-65.

② 令狐克睿. 社会化媒体情境下顾客契合对价值共创的影响研究 ［D］. 广州：华南理工大学，2019.

③ Prahalad C K，Ramaswamy V. Co-Opting Customer Competence ［J］. Harvard Business Review，2000，78：79-90.

④ Vargo S L，Lusch R F. Evolving to a New Dominant Logic for Marketing ［J］. Journal of Marketing，2004，68（1）：1-17.

⑤ Prahalad C K，Ramaswamy V. Co-Opting Customer Competence ［J］. Harvard Business Review，2000，78：79-90.

⑥ 令狐克睿. 社会化媒体情境下顾客契合对价值共创的影响研究 ［D］. 广州：华南理工大学，2019.

⑦ Prahalad C K，Ramaswamy V. Co-Creation Experiences：The Next Practice in Value Creation ［J］. Journal of Interactive Marketing，2004，3（1）：5-14.

的价值共创是消费者与企业基于两者间形成的平等互动关系共同为双方创造价值，并在价值共创过程中通过持续的沟通和互动共建个性化的独特消费体验和应对可能出现的问题。①

服务主导逻辑的价值共创理论源于 Vargo 和 Lusch（2004），他认为一切经济都属于服务经济，并将服务定义为实体为了获得利益或帮助其他实体获得利益，借由行为、过程等使用专业化能力的过程。② 价值共创就是在服务经济基础上得以实现的。Vargo 和 Lusch（2008）继续对服务主导逻辑的价值共创理论进行了挖掘，指出服务主导逻辑下共创的价值并非消费者与企业通过交换创造的价值，而是消费者在整个消费过程中创造的使用价值。消费者在价值共创过程中更多发挥的是资源整合作用，通过整合消费过程中获得的各方资源实现价值共创。③ 在价值共创过程中，消费者和企业扮演着不同的角色。消费者基于消费情境和消费需求创造个性化的价值；企业则努力进入消费者的使用情境，通过与消费者的合作协助消费者共创价值。Payne 等（2008）就指出服务主导逻辑下共创的价值等于企业提供服务与消费者消费服务共同创造的价值之和。④

（2）参与价值共创的内容

对比消费者体验导向的价值共创理论和服务主导逻辑的价值共创理论可以发现，两者虽然在研究视角和界定范畴上存在一定差异，但都认同价值是消费者与企业共同创造出来的和消费者在价值共创中的主体作用。特别是对于消费者在价值共创中的主体作用，学者们进行了深入研究。王潇等（2014）对西方服务范式四十年的理论演进进行了探索，发现消费者参与和价值共创已成为服务的重要新特征，指出消费者参与价值共创与服务网络化的关系、消费者参与价值共创对消费者体验和创造的影响等问题将是未来探索的主要方向。⑤

学者们对参与价值共创的概念与内容进行了挖掘。彭艳君（2014）对消费者—企业价值共创过程中消费者参与的理论框架进行了构建，梳理了理论基础、消费者参与的步骤、

---

① 武文珍，陈启杰. 价值共创理论形成路径探析与未来研究展望［J］. 外国经济与管理，2012，34（6）：66-73+81.

② Vargo S L, Lusch R F. Evolving to a New Dominant Logic for Marketing［J］. Journal of Marketing，2004，68（1）：1-17.

③ Vargo S L, Lusch R F. Service-Dominant Logic：Continuing the Evolution［J］. Journal of the Academy of Marketing Science，2008，36（1）：1-10.

④ Payne A F, Storbacka K, Frow P. Managing the Co-Creation of Value［J］. Journal of the Academy of Marketing Science，2008，36（1）：83-96.

⑤ 王潇，杜建刚，白长虹. 从"产品主导逻辑"到"顾客参与的价值共创"——看西方服务范式四十年来的理论演进［J］. 商业经济与管理，2014（11）：41-49.

评价和激励机制,如图 2-7 所示。① 消费者参与价值共创被认为是消费者与企业围绕产品服务设计、开发、生产、消费等方面内容进行的可持续性、社会化和高度动态的互动。② 此外,学者们还对参与价值共创的内容进行了探究。Zwass(2010)将消费者参与价值共创分为了消费者参与发起的价值共创和消费者参与自发的价值共创。③ 张晓东(2019)则将参与价值共创分为设计创意共创、设计创意选择、营销创意共创和营销创意选择等四个维度。④ 由于发起与自发的划分方式可以更好地体现消费者在价值共创中主导性和主动性的差异,且对消费者参与价值共创可能的不同心理与行为反应有一定预测作用,因此被相

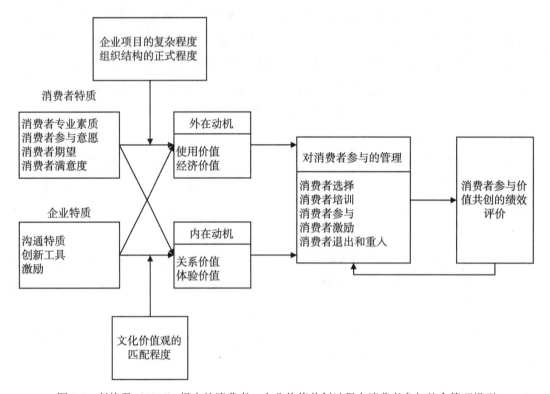

图 2-7　彭艳君(2014)提出的消费者—企业价值共创过程中消费者参与整合管理模型

①　彭艳君. 企业—顾客价值共创过程中顾客参与管理研究的理论框架[J]. 中国流通经济,2014,28(8):70-76.

②　李朝辉. 虚拟品牌社区环境下顾客参与价值共创对品牌体验的影响[J]. 财经论丛,2014(7):75-81.

③　Zwass V. Co-Creation:Toward a Taxonomy and an Integrated Research Perspective[J]. International Journal of Electronic Commerce,2010,15(1):11-48.

④　张晓东. 跨境电商消费者参与价值共创对品牌偏好的影响[J]. 商业经济与管理,2019(8):20-29.

关研究广泛采用。① 本书也将周边居民参与夜市价值共创分为发起的和自发的夜市价值共创两类，用于探究周边居民参与夜市价值共创对夜市支持行为的影响。

2.2 文献综述

2.2.1 夜间经济

（1）夜间经济的演变与发展

2019 年，"夜经济"入选中国媒体十大新词，被解读为城市消费的"新蓝海"。② 目前，中国夜间消费额约占总体零售额的 60%，并持续以约 17% 的规模增长，夜间经济俨然已成为现代城市发展的重要驱动力。③ 夜间经济囊括餐饮、文化、旅游和购物等多种业态。活跃的夜间经济不仅能拉动本地居民的内需，还有利于吸引和留住外地游客，提升城市活力，促进当地经济社会的高质量发展。为加大对夜间经济的扶持力度，各地政府出台了一系列鼓励夜间经济发展的政策文件，如《北京市关于进一步繁荣夜间经济促进消费增长的措施》《关于上海推动夜间经济发展的指导意见》《广州市推动夜间经济发展实施方案》等，以推动我国夜间经济发展规模持续扩大。为了更好地把握我国夜间经济发展趋势，相关研究机构围绕夜间经济主题展开了调查，发布了多份专门针对夜间经济的研究报告，如艾媒咨询的《2021—2022 年中国夜间经济监测及典型城市案例分析》与《2020—2021 年中国夜间经济消费发展趋势分析》、中国旅游研究院的《2020 中国夜间经济发展报告》、腾讯与瞭望智库的《2019 中国城市夜经济影响力报告》等。此外，学术界也将夜间经济纳入研究范畴，希望为夜间经济发展提供理论支撑。秦学等（2021）对 21 世纪以来我国"夜经济"的相关研究进行了归纳，发现我国学者 2010 年以后发表的"夜经济"主题文献呈增长趋势，2019 年达到了高峰。④ 可见，夜间经济目前已成为各界广泛关注的热点话题。

夜间经济的概念最早由英国学者 Montgomery（1990）正式提出，主要指当日下午 6 点

---

① 朱丽叶，袁登华，张红明. 顾客参与品牌共创如何提升品牌忠诚？——共创行为类型对品牌忠诚的影响与作用机制研究 [J]. 外国经济与管理，2018，40（5）：84-98.

② 国家语言资源监测与研究中心. 汉语盘点：2019 年中国媒体十大新词语发布 [EB/OL]. http://www.moe.gov.cn/jyb_xwfb/gzdt_gzdt/s5987/201912/t20191213_411939.html, 2019-12-16.

③ 艾媒产业升级研究中心. 2019—2022 年中国夜间经济产业发展趋势与消费行为研究报告 [R]. 广州：艾媒咨询，2019.

④ 秦学，李梦雅，司有山，等. 新世纪以来我国"夜经济"研究的回顾与展望 [J]. 信阳师范学院学报（哲学社会科学版），2021，41（2）：84-90.

至次日早上 6 点前在城市发生的各类经济文化活动的集合与总称，包括夜间购物、餐饮、旅游、娱乐、学习、影视和休闲等。① 夜间经济出现的时间、背景和所包括的业态，在国内外存在着显著差异。国外夜间经济出现的时间较晚，始于 1977—1985 年。随着城市去工业化和零售业去中心化的深入，英国等欧美国家城市中心的活力与商业地位不断降低，为推动城市重振，一些欧美城市出台了很多激发城市活力的相关政策措施，并将提振夜间经济作为其中重要一环。② 从 1995 年开始，英国正式将夜间经济明确为城市发展战略。在英国政府促进夜间经济发展的早期，以饮酒为主导的夜间经济得到了蓬勃发展。但随着与酒精相关的夜间经济业态急速扩张，暴力、混乱和夜间犯罪等问题日益严重，直接威胁到了城市的安全和稳定。③ 这使得学者们开始对发展夜间经济表现出了怀疑和悲观的态度，他们将夜间经济简单地同酒精画上了等号，认为以酒精为基础的夜间经济带来了各种社会成本问题，伤害了城市在夜间的安全性，降低了城市居民的生活质量。④ 随着夜间经济的持续深化和业态的不断丰富，学术界对夜间经济的认识更加理性和积极。Rowe 和 Lynch（2012）对夜间经济的内容进行了探索，认为夜间经济主要由购物、表演、饮食、艺术展览、剧场、博物馆等活动构成。⑤ 夜间经济的健康多元化发展创造了良好的经济效益和社会效益。英国伦敦市的夜间经济收入在 2017 年就达到了 263 亿英镑，且将在 2030 年达到 300 亿英镑的规模。美国纽约市的夜间经济每年收入约 290 亿美元，创造了 25 万个就业岗位。⑥

我国夜间经济出现至今已有一千多年的历史，并早已形成了真正意义上的夜间经济聚集区——夜市。唐代的《金陵记》中就有描述金陵夜市的语句"盛金钱于腰间，微行夜中买酒，呼秦女，置宴"。可以说夜市虽然作为我国夜间经济发展的起步阶段，但已不再拘泥于简单的商品贸易，开始具备一些休闲娱乐的特性。随着夜市的发展，我国古代夜间经济的业态开始丰富起来。许大伟（2020）对我国古代城市夜间经济的内容进行了归纳，主要包括各式各样的商品买卖、节日特别是元宵佳节的观光游玩、饮酒赋诗和吟唱弹奏的

　　① Montgomery J. Cities and the Art of Cultural Planning [J]. Planning Practice & Research, 1990, 5 (3)：17-24.

　　② 毛中根，龙燕妮，叶胥. 夜间经济理论研究进展 [J]. 经济学动态，2020 (2)：103-116.

　　③ Hobbs, D, Winlow S, Hadfield P, et al. Violent Hypocrisy：Governance and the Night-Time Economy [J]. European Journal of Criminology, 2005, 2 (2)：161-183.

　　④ Bromley R, Nelson A L. Alcohol-Related Crime and Disorder across Urban Space and Time：Evidence from a British City [J]. Geoforum, 2002, 33 (2)：239-254.

　　⑤ Rowe D, Lynch R. Work and Play in the City：Some Reflections on the Night-Time Leisure Economy of Sydney [J]. Annals of Leisure Research, 2012, 15 (2)：132-147.

　　⑥ 周继洋. 国际城市夜间经济发展经验对上海的启示 [J]. 科学发展，2020 (1)：77-84.

娱乐商业、听曲看戏等。① 夜市作为我国城市居民夜间消费的主要场景，一直存在和发展至今，且如今已发展出很多知名的夜市，成为城市居民夜间休闲娱乐、会友聚餐的主要消费目的地，如北京的王府井、南京的夫子庙、杭州的河坊街、武汉的户部巷、长沙的坡子街、青岛的劈柴院等。随着人民收入水平的提升和工作时间的延长，夜间开始成为更多城市居民夜间消费和休闲娱乐的首选。为了满足城市居民的夜间消费需求，夜间经济的业态也变得更加的丰富。头豹研究院发布的《2019年中国夜间经济行业概览》对我国夜间经济业态进行了归纳，主要包括六大类。一是文化艺术类，包括博物馆、展览、演艺演出、电影院、书店、课程培训等内容，主要是为了满足城市居民多元化和高品质的精神需求；二是餐饮类，包括正餐店、快餐店、小吃店、咖啡店等内容，满足的是城市居民最基本的饮食需求；三是休闲娱乐类，包括 KTV、游戏厅、棋牌室/茶馆、密室等，主要满足城市居民娱乐放松和社交的需求；四是购物类，包括购物中心、超市、便利店等，便于城市居民夜间购物消费；五是旅游观光类，包括灯光秀、水景、游乐园、景区等，可以增强城市形象；六是体育运动类，包括健身房、体育场馆、体育赛事等，满足城市居民工作劳累后的健身运动需要。② 可见，我国夜间经济业态已经日趋丰富与完善，消费内容也更加多元化和多样化。

（2）影响夜间经济发展的因素

为了促进夜间经济的健康和持续发展，更好地满足城市居民的夜间消费需求，学者们对影响夜间经济发展的因素进行了探索和归纳。影响夜间经济发展的因素主要包括五个方面：

一是城市居民的安全感知。夜间虽然给城市居民创造了静谧的环境，但也会给城市居民带来不安全感。安全被认为是城市居民最关注的夜间经济问题，直接影响城市居民外出进行夜间消费的意愿。③ 夜间经济安全问题主要有出行安全问题和消费安全问题。夜间出行回家是否安全、是否有酒后滋事或酒驾等问题都可能会让城市居民感到人身安全受到威胁。夜间消费产品或服务是否安全健康、消费环境是否存在消防安全隐患等问题则会给城市居民带来夜间消费的安全压力。

二是夜间经济相关基础设施建设。交通不便成为多数城市居民拒绝夜间外出的主要原

① 许大伟. 中国城市治理视域下夜间经济发展研究初探——以国内外先行地区的经验做法为鉴 [J]. 经济研究参考, 2020 (17): 73-80.

② 头豹研究院. 2019年中国夜间经济行业概览 [R]. 南京: 头豹信息科技南京有限公司, 2019.

③ 许光建. 协同治理推动"夜经济"高质量发展 [J]. 人民论坛, 2020 (17): 70-72.

因。① 公共交通工具的运营时间限制、无法便捷乘坐公共交通工具前往、夜间消费目的地交通拥挤或停车难停车贵等问题都会给城市居民夜间消费造成不便，降低城市居民的夜间消费意愿。此外，夜间经济发生场地的亮化照明还会直接影响城市居民的安全感，进而影响其夜间经济的参与程度。②

三是夜间经济相关的政策法规。夜间经济离不开政府部门的宏观调控，需要政府部门加强顶层设计，政府部门颁布的夜间经济相关政策法规能在一定程度上决定夜间经济的未来发展方向和内容。此外，政府部门还会在改善公共基础设施建设、优化夜间亮化照明调节、加强安全治理和质量监管方面提供经济和政策保障，助力打造多元、包容和创新的夜间消费环境。③

四是城市居民的生活方式。城市居民由于白天工作压力大，相较于日间经济，夜间经济更加具备娱乐休闲属性。在“996”工作文化流行的背景下，城市居民的白天时间通常被紧张和高节奏的工作所占据，夜间才能自由消费和享受生活，而深耕于当日 18 时至次日 6 时的深夜食堂、夜间游览、24 小时书店等夜间消费业态则正好满足了他们的需要。城市居民工作以外的闲暇时间与夜间消费时间的重叠以及两者间需求—供给的契合都表明工作压力与城市居民夜间消费已被紧密地联系在了一起。④

五是夜间经济业态的多样性与包容性。以饮酒为核心的产业和夜市等并非夜间经济的唯一业态。单一的夜间经济业态虽能吸引特定人群参与，但还不利于城市多样性和包容性的发展。休闲娱乐、学习进步、健身锻炼、观光夜游等不同类型夜间消费需求的增长对夜间经济的内容提出了新的需求。对夜间经济进行科学规划，实现夜间经济资源的合理配置，已成为激发夜间经济新动能和打造夜间经济业态新模式的内在要求。⑤

2.2.2　夜市发展与治理

（1）夜市的发展

夜市作为夜间经济的重要业态，在我国有着悠久的历史文化，长期存在于我国的经济形态之中。相关专家学者已对我国夜市展开了研究。杨震寰（2011）对夜市的时间和空间

---

①　Eldridge A, Roberts M. A Comfortable Night Out? Alcohol Drunkenness and Inclusive Town Centres [J]. Area, 2008, 40 (3)：365-374.

②　Rozhan A, Yunos M, Mydin M O, et al. Building the Safe City Planning Concept：An Analysis of Preceding Studies [J]. Jurnal Teknologi, 2015, 75 (9)：95-100.

③　付晓东. 夜间经济激发城市治理新动能 [J]. 人民论坛, 2019 (28)：48-51.

④　张启尧. 工作压力对城市居民夜间消费意愿的影响 [J]. 企业经济, 2020, 39 (6)：22-30.

⑤　毛中根，龙燕妮，叶胥. 夜间经济理论研究进展 [J]. 经济学动态, 2020 (2)：103-116.

作了进一步确定，认为夜市是晚上夜生活时段，在有效的管制下，由街道广场或特定建筑等公共空间的商业或摊贩等组成的夜间经济业态。① 张金花和王茂华（2013）围绕中国古代夜市进行了研究综述，并对夜市的概念进行了界定，指出夜市相对日市存在，是以交换为目的的商品经济发展的产物，同时是城市发展的衍生物和城市经济的重要组成部分，包括在夜间的商业经营活动或场所。② 张婧等（2020）认为夜市是在夜间进行的交易买卖，如吃食杂货等。③ 从夜市的已有概念界定可以发现，虽然在描述上存在一定差异，但夜间、交易和城市构成了夜市概念的关键词。

在对夜市概念进行探索的基础上，学者们还对夜市的特点和内容作了进一步分类。杨震寰（2011）从规模、业态、空间、经营时间和地点对夜市进行了分类。其中，按照规模的不同，夜市被分为散点型夜市、社区型夜市和城市型夜市；按照业态的不同，夜市被分为百货夜市、小吃夜市、文玩夜市、文化夜市和综合夜市等；按照空间的不同，夜市又被分为室内夜市和室外夜市或街道夜市、广场夜市和组合空间夜市；按照经营时间和地点的不同，夜市还被分为定点夜市和流动夜市。④ 张金花和王茂华（2013）从时间、型态、内容和功能等方面对夜市进行划分。其中，按照时间长短，夜市被分为临时夜市与长期夜市；按照型态的不同，夜市被分为有店铺式经营场所和由临街店面、半固定摊点及流动贩卖形成的街市；按照夜市内容差异，夜市被分为商业夜市与文化夜市；按照功能的不同，夜市还被分为商品交易为主的专业市场夜市、消费娱乐型夜市和综合型夜市。⑤ 李敏（2015）根据夜市经营地段与经营特点将夜市分为商圈夜市、观光夜市和流动夜市。其中，商圈夜市主要由拥有自家或承租店面的夜市商家和在商圈路边开张营业的摊贩组成；观光夜市是为吸引游客而专门设计规划并融入本地特色的夜市；流动夜市则主要由流动摊贩构成。⑥ 王权坤等（2020）通过统计夜市摊贩经营时间和形成的历史，以 20 年为界，将夜市分为"老夜市"和"新夜市"。⑦ 夜的分类方式多种多样，足见夜市在城市经济发展中举足轻重的作用和其在城市居民心目中不可或缺的位置。

① 杨震寰. 南昌夜市研究 [D]. 南昌：南昌大学，2011.

② 张金花，王茂华. 中国古代夜市研究综述 [J]. 河北大学学报（哲学社会科学版），2013，38（5）：106-113.

③ 张婧，赖永恒，李双纳，等. 开封夜市区噪声污染状况分析与对策研究 [J]. 河南大学学报（自然科学版），2020，50（3）：262-268.

④ 杨震寰. 南昌夜市研究 [D]. 南昌：南昌大学，2011.

⑤ 张金花，王茂华. 中国古代夜市研究综述 [J]. 河北大学学报（哲学社会科学版），2013，38（5）：106-113.

⑥ 李敏. 台湾夜市自治管理的启示 [J]. 党政论坛，2015（5）：48-49.

⑦ 王权坤，胡雪瑶，艾少伟. 身份、流动与权力：街头摊贩的空间实践 [J]. 人文地理，2020，35（6）：35-43.

相关学者还以历史为主线对我国夜市发展的历程进行了梳理，但对我国夜市起源的认识还不统一。目前关于夜市的起源存在三种论点：汉代夜市论、唐中晚期夜市论和宋代夜市论。产生这三种观点的主要原因在于不同论点的史书资料论据支撑和对夜市的界定存在差异。有的论点只关注夜市发生的时间，认为凡是夜间进行的商品交易均应属于夜市范畴，包括夜间集市、夜肆等，如汉代夜市论相关的《汉代夜市考补》中提出"市日四合，即指每日有四次集市交易的会合：朝市、午市、夕市、夜市"；有的论点除时间外还将场所纳入参考标准，突出夜市的聚集性与开放性，如唐中晚期夜市论的相关描述"日暮邯郸郭，酒肆或淹留"，"淇水流碧玉，舟车日奔冲。青楼夹两岸，万室喧歌钟"等；有的论点则主要关注夜间商品与劳务交易的时空分布，突出夜市的常态性和普遍性，如宋代夜市论的相关描述"城中凡二十六坊，坊有门楼，大署其额，有阗宾、肃慎、卢龙等坊，并唐时旧坊名也。居民棋布，巷端直，列肆者百室，俗皆汉服，中有胡服者，盖杂契丹、渤海妇女耳"等。[①] 不论何种关于夜市起源的论点，都可以发现夜市伴随我国商品经济的发展，品类日趋多样化，参与主体逐步多元化，经营模式不断多维化，是我国城市发展的必然产物，已成为我国城市经济的一种特殊业态。

（2）夜市的治理

虽然夜市已成为城市经济不可缺少的重要组成部分，受到各地政府部门的重视和城市居民的追捧，但夜市的迅猛发展也带来了很多问题，如噪声污染、灯光污染、油烟污染和安全性问题等，这些问题严重阻碍了夜市的可持续发展。夜市治理已成为现代城市管理的重要内容，对于提升城市形象、满足城市居民夜间消费需求、夜市消费品质升级等有着非常重要的意义。学者们已围绕夜市治理展开了大量的研究，并针对夜市治理提出了相关对策与建议。

张晓阳和王伟敏（2004）针对学校周边夜市大排档食品卫生状况进行调查，发现学校周边夜市大排档普遍存在周转餐具少、消毒餐具保洁器具缺乏、经营人员食品卫生知识知晓率低、无卫生许可证等问题，提出可采取加强经营人员法制教育、定期健康教育与培训、加强食品卫生管理与检查等治理手段。[②] 李峥等（2005）提出夜市食品卫生主要存在不符合饮食行业卫生规范、水源供应不足、餐具未消毒、经营人员卫生意识与法律意识淡

---

① 张金花，王茂华. 中国古代夜市研究综述 ［J］. 河北大学学报（哲学社会科学版），2013，38（5）：106-113.

张金花，王茂华. 历史视域下的京津冀夜市经济 ［J］. 河北大学学报（哲学社会科学版），2020，45（6）：52-60.

② 张晓阳，王伟敏. 学校周边夜市大排档食品卫生状况调查及对策 ［J］. 中国初级卫生保健，2004（11）：68.

薄、污染周边环境卫生等问题，提出应建立长效卫生检查机制、加强卫生知识宣传、落实经营责任等治理措施。① 张婧等（2020）对开封夜市区噪声污染状况进行了分析，发现开封夜市区中鼓楼夜市全年的噪声污染都处于严重污染水平，西司夜市与河南大学西门外夜市则有四分之三的时间处于严重污染水平，且这些夜市的环境噪声质量等级全年均处于"吵闹"和"很吵闹"等级，严重影响了夜市周边居民的正常生活和身心健康，提出应从夜市规划布局、控制营业时间与地点和建立噪声公开机制等方面展开夜市噪音防治。② 许大伟（2020）认为我国夜市经济发展对城市治理提出了一些新的挑战，如交通保障压力、能源供给压力、环境污染压力和安全管理压力等，并在借鉴国内外相关治理经验的基础上指出可通过成立专职夜市经济管理机构、建立夜经济法规文件、协调各方利益等途径加强夜市城市治理水平。③ 陈姝璇和郭海怡（2021）以青岛台东夜市为例，对夜市发展存在的问题进行了总结，提出该夜市目前主要存在的环境卫生难治理、交通堵塞严重等问题，认为可以通过多方借鉴提升改造水平和实施地下工程等进行治理。④

学者们注意到夜市发展存在的问题，并专门对夜市特定问题或普遍问题进行了深入挖掘，提出了相应的治理建议。虽然部分研究已将对夜市周边居民的影响考虑在问题范围内，但相关文献的研究还多是从夜市问题本身或者从政府的角度展开夜市治理分析，并没有从夜市周边居民的视角提出夜市治理和促进夜市可持续发展的对策建议。如何调动夜市周边居民的夜市支持行为，促使夜市周边居民从"邻避"向"臂迎"转变，成为夜市从被动治理向自主治理转变的必由之路。

2.2.3 夜市消费

（1）夜市消费的特点

目前关于夜市消费的专门研究还较少，从已有相关文献对夜市消费的特点进行归纳可以发现，夜市消费主要存在"市井性"和多元化的特点。

①夜市消费的"市井性"。

市井文化作为中国传统文化的一种生活化、无序化的特色亚文化，具有底层、通俗、

① 李峥，张锁成，蒋跃强，等. 夜市食品卫生存在问题及管理对策［J］. 中国农村卫生事业管理，2005，25（4）：57-58.
② 张婧，赖永恒，李双纳，等. 开封夜市区噪声污染状况分析与对策研究［J］. 河南大学学报（自然科学版），2020，50（3）：262-268.
③ 许大伟. 中国城市治理视域下夜间经济发展研究初探——以国内外先行地区的经验做法为鉴［J］. 经济研究参考，2020（17）：73-80.
④ 陈姝璇，郭海怡. 政府对地摊经济的新治理之路——以青岛台东夜市为例［J］. 环渤海经济瞭望，2021（6）：63-64.

地域与人文等特点。通常，市井文化存在于夜市、集市、闹市等特定的街巷社区，承载了城市居民基于这些特定城市空间的集体记忆和生活方式，是接地气和熟悉熟识的生活气息与味道，是交融在最普通生活中的小市民情调，是对一座城一条街的地方传统特色与历史的充分体现。随着城市化的加快，市井文化开始慢慢成为城市居民的一种怀旧与放松的精神需要。① 夜市不仅丰富了城市居民的夜生活，其提供的特色地道美食、便宜小商品、拥挤与喧嚣嘈杂等市井产品与服务还充分展现了当地的传统文化与习俗，保留了属于这座城市和每个小市民的根。随着收入水平增长和生活质量的提升，现代城市居民开始更重视精神文化需求，希望在借由夜市提供的空间和场地独享静谧或通过互动拉近人与人之间距离的基础之上，让夜市消费体验到的原始淳朴和生活气息得以传承和保留，达到放松、娱乐或社交的夜市消费目的。正是在这一过程中，夜市的市井性得到了充分的展现，并激发出了城市居民夜市消费的兴趣和意愿。

②夜市消费的多元性。

夜市消费的多元性体现为消费内容的多样化和消费业态的丰富化。随着生活水平的提升和消费需求的升级，城市居民对夜市消费的内容已不再局限于传统小吃、美食和小商品购物等方面，与消费体验相关的文化型夜市消费活动开始受到城市居民的追捧。电影、24小时书店、剧场、健身、夜游等新兴夜市消费内容开始不断涌现出来。与夜市消费内容相对应，夜市消费业态也更加丰富。目前还没有关于夜市消费业态的专门研究，但可以从夜间经济的已有文献中找到相关线索。徐宁和田茜（2021）提出文化要素已成为夜间经济的重要组成部分，挖掘夜间经济的文化资源已成为满足城市居民夜间高品质消费需求的主要途径。他们从文化维度和参与度两个角度对夜间经济的业态进行了划分，提出了夜间经济业态的四种业态，如图 2-8 所示。其中，现代化业态主要提供高文化品质和高参与性的现代化夜间消费产品，以满足城市居民精神层面的消费需求，如商业街区、文化与艺术街区等；高文化和低参与业态主要提供高文化品质和低参与性的休闲娱乐类夜间消费产品，以满足城市居民单一的精神享乐消费需求，如戏曲、相声、电影和读书等夜间文化活动；高参与和低文化业态主要提供高参与性和低文化品质的生活参与类夜间消费产品，以满足城市居民对公众文化的夜间消费需求，如餐饮、特色小吃、酒吧等；传统业态则主要提供被边缘化和淘汰的夜间消费产品，通常已不再符合城市居民的夜间消费需求。② 总体来看，

---

① 陈凤，张伟一．"市井文化"视角下的历史街区保护更新研究 [J]．建筑技艺，2020（S2）：64-67.

陈凯伦，周潮．"留住当年的烟火气"——基于市井文化的传统农贸市场改造研究 [J]．智能建筑与智慧城市，2020（10）：52-54.

② 徐宁，田茜．夜间经济的理论研究与运营推广路径 [J]．企业经济，2021，40（6）：95-102.

夜市消费正在经历从"吃、行、购、娱"等传统模式向"游、赏、学、健"等新兴模式的转型发展。

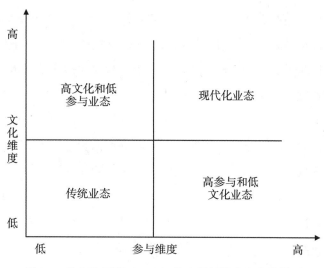

图 2-8　徐宁和田茜（2021）的夜间经济业态分类模型

（2）夜市消费行为

夜市的蓬勃发展离不开政府政策的支持和城市自身的文化积淀，也不能缺少城市居民的参与。城市居民作为夜市消费最主要的群体，他们的消费行为关乎夜市的人流量、规模、发展水平甚至兴衰。当前，虽然如北京王府井、武汉户部巷、长沙太平街等热门夜市呈现出人头攒动和热闹非凡的景象，但是多数夜市出现了客流量稀少、门店无人问津和火红开业惨淡关门等问题。提升城市居民夜市满意度和回头率成为夜市可持续发展必须关注的核心问题。已有学者针对夜市消费行为展开了相关研究。多数文献的研究主要聚焦于美食夜市消费行为和地方一般夜市消费行为两个主题。在美食夜市消费行为方面，刘向前等（2018）对美食夜市游憩者满意度的影响因素进行了实证研究，指出影响本地居民美食夜市满意度的因素包括美食价格、种类丰富度、美食供应效率、周边文化气息、交通便利程度和公共设施完备度等七个方面。[1] 刘慧玲等（2019）以福州市达明美食街为例，利用 IPA 方法对游憩者美食夜市的重要性感知和满意度感知进行了分析，发现游憩者对食品安全、环境卫生和交通便利等重要性感知评价较高，且对营业时间、出行便利、菜单形式的

---

① 刘向前，梁留科，元媛，等 . 大数据时代美食夜市游憩者满意度双视角研究 [J] . 美食研究，2018，35（2）：24-31.

满意度评价较高。① 程小敏（2020）从空间维度分析了夜市等夜间美食供给的特点，指出夜间美食在消费时段、消费空间和消费体验等三方面存在需求的特殊性，并从消费市场和城市治理两方面提出了美食夜间经济的升级路径。②

在地方一般夜市消费行为方面，卢莎等（2010）对长沙夜市居民环境意识进行了研究，指出长沙夜市流动性大、无固定垃圾投放点、一次性餐具垃圾、卫生健康问题以及噪声等是长沙夜市周边居民普遍关注的问题。③ 宋亮（2012）构建了夜市体验、环境和地址位置对夜市消费满意度和逛夜市频率影响的一般概念模型，通过实证分析发现：夜市体验和夜市环境同时对消费者夜市满意度与逛夜市频率有显著正向影响，夜市地理位置仅对逛夜市频率有显著正向影响。④ 纪琼（2016）对上海夜市消费进行了研究，指出上海夜市消费存在夜市零散和规模偏小、随意且缺少品牌、档次低和受季节性影响等特点，提出加强制度建设和夜市基础设施建设、强化宣传与品牌打造以及加强夜市监管和自我管理等对策建议。⑤ 刘婧婷（2018）对南京夫子庙夜市的顾客满意度进行了调查分析，发现顾客对南京夫子庙的总体评价较好，其中对夫子庙夜市的商品小吃满意度和夜市管理满意度偏高，但对夫子庙夜市的设施规划的满意度偏低。⑥

总体来看，不论是美食夜市消费行为相关研究，还是地方一般夜市消费行为相关文献，都聚焦于夜市消费行为的影响因素，且这些研究不再局限于理论探索，已开展了一些有意义的调查分析和实证研究。此外，已有学者开始关注夜市发展对周边居民行为的影响问题。然而，目前夜市消费行为相关文献还是多以夜市治理和发展为切入点，并没有完全将城市居民和夜市周边居民考虑进来，忽视了城市居民和夜市周边居民在促进夜市可持续发展中的关键作用。

2.2.4　文献评述

通过分别对夜间经济、夜市发展与治理及夜市消费相关文献的回顾，可以发现夜市在促进夜间经济发展和打造城市特色文化方面发挥着重要的作用，提升夜市品质与内涵已成

---

① 刘慧玲，骆培聪，王镇宁. 基于 IPA 分析法的美食夜市游憩者感知分析——以福州市达明美食街为例 [J]. 台湾农业探索，2019（5）：60-66.

② 程小敏. 中国城市美食夜间经济的消费特点与升级路径研究 [J]. 消费经济，2020，36（4）：11-21.

③ 卢莎，刘亚利，张若萌. 长沙夜市居民环境意识现状研究 [J]. 中南林业科技大学学报（社会科学版），2010，4（2）：41-45.

④ 宋亮. 夜市消费行为研究 [J]. 科技经济市场，2012（7）：65-67.

⑤ 纪琼. 上海市夜市消费研究 [J]. 中外企业家，2014（16）：40.

⑥ 刘婧婷. 南京夫子庙夜市顾客满意度调查与分析 [J]. 农家参谋，2018（23）：268.

为夜市相关文献关注的重要问题；夜市的蓬勃发展增强了城市活力和吸引力，但也带来了安全、基础设施建设落后、污染等方面的问题，优化夜市治理模式和方法被视为促进夜市消费与健康发展的主要手段；由夜市消费发展出的夜市满意度、夜市体验和逛夜市频率等相关构念从消费者视角和消费行为层面打开了夜市发展与治理研究的新视野，弥补了以往仅从夜市治理和政府规制层面进行夜市研究的不足；夜市消费行为研究现状则进一步突出了从城市居民和夜市周边居民视角展开夜市消费研究的导向性。虽然这些研究没有对城市居民夜市消费意愿进行直接的探索，但夜间经济、夜市发展与治理和夜市消费的相关成果却帮助我们更好地认识到研究城市居民夜市消费和周边居民夜市支持行为对推动夜市发展和夜间经济繁荣的重要理论与现实意义，更好地明确了从城市居民夜市消费行为的视角突破由夜市治理和政府规制层面进行夜市研究的限制，更好地明晰了城市居民夜市消费行为研究的重要性和前沿性，为深入探究城市居民夜市消费意愿打下了基础。相关文献的成果对城市居民夜市消费意愿研究起到了一定引导作用，但是还存在着一些局限和需要扩展的空间。

首先，现有研究虽然探究了夜市发展的影响因素，但多聚焦于夜市规划、政策制定和夜市管理等内容，并未完全将城市居民夜市消费行为纳入研究范畴。脱离了城市居民夜市消费需求和相应的夜市营销活动，仅依靠夜市管理和政策驱动已很难让夜市获得城市居民的认可和青睐。因此，有必要以城市居民为研究样本，从城市居民视角重新对影响夜市消费和发展的行为因素及内在作用机制进行挖掘和分析。

其次，夜市消费行为相关研究虽然探索了夜市体验、环境和地址位置等对夜市消费满意度和逛夜市频率的影响，但缺乏根据城市居民内在要素和外在夜市消费情境对夜市消费意愿的系统综合分析。夜市的服务属性、城市居民对夜市消费需求的多元性和夜市消费环境的独特性都决定着城市居民夜市消费意愿的形成机制与其他情境下的消费行为存在本质的差异。因此，需要结合城市居民夜市消费需求内容和夜市消费特点，利用消费者行为相关理论和模型对城市居民夜市消费意愿形成的影响因素和作用路径进行重新梳理和探究。

最后，由夜市发展的利益相关者可以发现，夜市周边居民同样与夜市健康可持续发展密切相关，且他们与夜市和谐邻里关系的建立对夜市发展至关重要。但以往相关研究多关注影响夜市周边居民满意度的因素，没有对夜市周边居民支持行为的形成机制进行探索。因此，有必要专门以夜市周边居民为研究样本，从夜市周边居民的视角梳理影响夜市支持行为形成的因素，探索导致夜市周边居民支持行为形成的内在作用机制。

2.3　本章小结

　　根据研究主题和主要研究内容，在对感知价值理论、服务质量感知理论、计划行为理论和参与价值共创理论等相关理论进行梳理和阐述的基础上，围绕夜间经济、夜市发展与治理和夜市消费等方向展开文献归纳和评述，理清了城市居民夜市消费意愿研究的理论脉络，为后文的系统研究提供了扎实的理论基础。

　　在理论基础方面，首先界定了夜市感知价值的概念，并对感知价值维度进行了梳理归纳，以为夜市感知价值维度的划分和相关假设的设定以及关系的推导提供理论支撑；其次界定了夜市服务质量感知的概念，总结了服务质量感知的理论模型，并对服务质量感知的测量维度进行了收集整理，以为本书关于夜市服务质量感知维度的划分提供重要的依据和参考；再次对计划行为理论的内涵进行了介绍，并对目前计划行为理论的发展现状进行了分析，提出为提升城市居民夜市消费意愿研究的综合解释力，本书亦采用扩展计划行为理论对城市居民夜市消费意愿的影响因素进行深入分析；最后对价值共创的概念发展脉络进行了梳理，并对参与价值共创的内容进行了归纳和总结，掌握了参与价值共创内容的主要划分方式，提出延续主流范式将周边居民参与夜市价值共创分为发起的和自发的夜市价值共创两类，用于探究周边居民参与夜市价值共创对夜市支持行为的影响。

　　在文献综述方面，首先对从夜间经济的演变与发展和影响夜间经济发展的因素两个方面对夜间经济的研究现状进行了介绍，强调了夜间经济在我国经济社会发展中的重要地位，为夜市和夜市消费行为研究提供了现实背景和问题线索；接着对夜市的发展和夜市治理相关文献进行了梳理，指出已有研究多聚焦于夜市规划、政策制定和夜市管理等内容，并未完全将城市居民夜市消费行为纳入研究范畴，为本书城市居民夜市消费意愿的研究指明了方向和路径；最后从夜市消费的特点和夜市消费行为两个方面对夜市消费的研究现状进行了归纳，发现了已有夜市消费行为研究的局限和需要解决的问题，为城市居民夜市消费意愿的综合研究明确了思路和任务。

第3章 感知价值对城市居民夜市消费意愿的影响研究

3.1 引言

城市居民作为夜市消费的主体，他们是否愿意前往夜市消费主要取决于其自身对夜市价值的主观感受与评价。已有学者围绕夜市消费主题展开了相关研究。刘向前等（2018）对影响消费者美食夜市满意度的因素探索发现，夜市食品价格、食品供应质量、服务与卫生水平等对消费者满意度有显著影响。① 元媛等（2018）评价了开封美食夜市的消费者满意度水平，指出消费者对夜市食品供应质量、食品丰富程度和文化气息等满意度较高，但对卫生水平和食品价格满意度较低。② 程小敏（2020）研究认为消费者夜市美食消费已从以往的功能型消费转变为一种"高质量分享"，美食夜市应能更好地为消费者营造意义感和仪式感。③ Liang等（2021）检验了夜市消费者导向与消费者冲动购买之间的关系，发现摊贩洞察能力、对顾客信息掌握程度、对消费者的反应与反馈水平以及热情度对消费者夜市冲动购买均有显著的正向影响。④ 相关研究虽对提升消费者夜市满意度和购买意愿的夜市要素进行了挖掘，但这些研究多基于夜市视角，没有真正出于消费者的立场和将消费者夜市感知价值考虑在内。为明晰感知价值对城市居民夜市消费意愿作用的内在机理，本章拟就以下几方面的问题展开研究：第一，城市居民夜市感知价值主要包括哪些内容；第二，不同城市居民感知价值对夜市消费意愿的影响有何差异；第三，城市居民感知价值影

① 刘向前，梁留科，元媛，等. 大数据时代美食夜市游憩者满意度双视角研究［J］. 美食研究，2018，35（2）：24-31.

② 元媛，刘向前，梁留科. 基于IPA法的特殊兴趣旅游目的地游客满意度评价——以开封专业美食夜市为例［J］. 洛阳师范学院学报，2018，37（9）：24-29.

③ 程小敏. 中国城市美食夜间经济的消费特点与升级路径研究［J］. 消费经济，2020，36（4）：11-21.

④ Liang C C，Yu A P I，Le T H. Customers Focus and Impulse Buying at Night Markets［J］. Journal of Retailing and Consumer Services，2021，60：1-13.

响夜市消费意愿形成主要通过何种内在心理路径。

基于这些问题，拟对城市居民夜市感知价值的内涵与维度进行剖析，引入情绪作为中介变量，构建城市居民感知价值与夜市消费意愿间作用的概念模型，对城市居民感知价值、情绪与夜市消费意愿间的作用路径进行深入探究。研究结论将有助于夜市管理者与摊贩更好地了解城市居民夜市消费需求变化，为由夜市消费价值角度制定夜市发展策略提供有益参考。

3.2　感知价值影响的研究假设

3.2.1　感知价值与夜市消费意愿

感知价值是消费者在比较消费过程中的感知付出与感知所得后，对消费对象形成的一种主观评价与认知。① 在夜市消费情境下，城市居民感知价值诠释了城市居民在夜市消费过程中，相较于投入的时间、精力和金钱所感知到的夜市消费对身体和精神的慰藉。虽然对于感知价值的理解还存在着一维或多维之分，但多数学者们认同范秀成和罗海成（2003）的观点，将感知价值划分为感知功能价值、感知情感价值和感知社会价值三个维度，认为这三个维度能更全面地体现感知价值的复杂性。② 本书在划分顾客感知价值维度时亦采用这三个维度来探究城市居民感知价值对夜市消费意愿的影响。具体来看，感知功能价值指夜市提供的产品或服务的功能和属性，利于放松身心和释放压力；感知情感价值指城市居民在夜市购买产品或享受服务过程中情绪的变动，能带来喜欢和愉悦的感受；感知社会价值指城市居民通过在夜市与亲朋好友聚会联络情感，展示自己的社会形象以得到认同和尊重。消费者对消费对象价值的评估与感知已被普遍认为是导致消费者消费意愿形成和消费行为产生的重要基础条件。③ 陶鹏德等（2009）对零售商自有品牌感知价值与购买意愿间的关系研究发现，自有品牌功能价值、社会价值、情感价值均对自有品牌购买意愿有影响。④ 钟凯和张传庆（2013）围绕消费者感知价值对网络购买意愿的影响研究发

---

① Zeithaml V A. Consumer Perceptions of Price, Quality, and Value: A Means-End Model and Synthesis of Evidence [J]. Journal of Marketing, 1988, 52 (3): 2-22.

② 范秀成，罗海成. 基于顾客感知价值的服务企业竞争力探析 [J]. 南开管理评论, 2003 (6): 41-45.

③ 薛永基，白雪珊，胡煜晗. 感知价值与预期后悔影响绿色食品购买意向的实证研究 [J]. 软科学, 2016, 30 (11): 131-135.

④ 陶鹏德，王国才，赵彦辉. 零售商自有品牌感知价值对购买意愿影响的实证研究 [J]. 南京社会科学, 2009 (9): 40-45.

现，功能价值、情感价值及社会价值均对网络消费者购买意愿有正向影响。① 陈娜和侯光辉（2013）对图书馆学科服务情境下用户感知价值与参与意愿的关系研究发现，用户感知功能价值、感知情感价值和感知社会价值均能显著提升参与意愿。② 在夜市消费情境下，城市居民感知价值同样对夜市消费意愿产生积极影响。如果夜市提供的产品或服务能给城市居民带来味觉或嗅觉上的享受，帮助城市居民缓解生活和工作压力、愉悦身心以及获得他人认可，那么城市居民会由夜市获得更高的价值，且前往夜市消费的意愿会更强烈。基于此，提出以下假设：

H1：感知功能价值对夜市消费意愿有显著正向影响。

H2：感知情感价值对夜市消费意愿有显著正向影响。

H3：感知社会价值对夜市消费意愿有显著正向影响。

3.2.2 情绪与夜市消费意愿

消费情绪是消费者在购买产品或接受服务过程中形成的一系列情绪反应，被认为是一种比认知更能预测消费者忠诚和购买行为产生的要素。③ 由于消费者情绪的内容较为复杂，包括高兴、愉快、生气、悲伤等多种具体形式，为了更详细和具体地对消费者情绪进行测量，防止消费者情绪研究的简单化，通常将消费者情绪分为正面情绪和负面情绪两个维度。④ 为全面刻画和测量夜市消费情境下的城市居民情绪，本章亦将采用此二维分类方法。已有学者围绕情绪与消费意愿间的关系展开了相关研究。张圣亮和高欢（2011）对服务补救下的消费者情绪与行为意向的关系进行研究发现，获得服务补救消费者的正面情绪与重购意向呈显著正相关，而消费者负面情绪与重购意向则呈显著负相关。⑤ 王琦和王雅男（2014）对网购消费情绪与在线评论意愿的关系进行了研究，发现网购消费情绪对在线评论意愿有直接影响，消费者正（负）面情绪直接作用于消费者正（负）面在线评论意

① 钟凯，张传庆. 消费者感知价值对网络购买意愿影响研究——以在线口碑为调节变量 [J]. 社会科学辑刊，2013（3）：125-131.

② 陈娜，侯光辉. 图书馆学科服务情境下用户感知价值与参与意愿：服务沟通的调节效应 [J]. 科技管理研究，2013，33（20）：230-235.

③ 李永鑫，许绍康，谭文娟. 服务提供者交际活动与顾客忠诚：消费情绪的中介作用 [J]. 心理科学，2009，32（2）：449-452.

④ 景奉杰，赵建彬，余樱. 顾客间互动—情绪—购后满意关系分析——基于在线品牌社群视角 [J]. 中国流通经济，2013，27（9）：86-93.

⑤ 张圣亮，高欢. 服务补救方式对消费者情绪和行为意向的影响 [J]. 南开管理评论，2011，14（2）：37-43.

愿。① 胡保玲和李娜（2016）分析了情绪对农村居民耐用品消费意愿的影响，发现正面情绪对农村居民耐用品消费意愿有显著正向影响；负面情绪则有显著负向影响。② 对于夜市消费而言，城市居民在夜市消费不仅能追求物美价廉或味蕾享受，还能获得内心情感上的满足，而内心情感的变化会使城市居民对夜市产品和服务产生正面情绪或负面情绪。当城市居民对夜市产品或服务的认同感和满意度不断增加时，正面情绪通常会占据主导地位，这时城市居民会高估自己的需求且难以抵抗夜市的诱惑，进而促进消费意愿的生成。当城市居民对夜市产品或服务产生厌恶感或体验感较差时，所产生的负面情绪会使城市居民对自己的需求进行更理性的判断，并在反复权衡夜市产品或服务的价值后降低消费意愿。基于此，提出如下假设：

H4：正面情绪对夜市消费意愿有显著正向影响。

H5：负面情绪对夜市消费意愿有显著负向影响。

3.2.3 情绪的中介作用

由关于城市居民感知价值和情绪分别与夜市消费意愿间的假设可以发现，城市居民感知价值、情绪和夜市消费意愿三者间可能存在相互作用关系。依据 S-O-R 理论可以推断，城市居民在对夜市消费感知价值进行评价后，会对价值评价的内容进行心理加工，产生某种情绪，进而影响夜市消费意愿的形成。可见，情绪在城市居民感知价值对夜市消费意愿的影响中发挥中介作用。对于情绪的中介作用，学者们已进行过相关研究。贾建忠和吴建齐（2016）指出消费者感知价值会影响消费情绪，而这种消费情绪会对消费者之后的消费行为产生影响。③ 李佳敏和张晓飞（2020）研究发现，消费者情绪在消费者感知价值和消费者重复购买意愿之间发挥部分中介作用。④ 当城市居民感知到夜市所消费的产品或服务是有（无或负面）价值的时候，会激发城市居民的正（负）面情绪，从而促进（降低）城市居民消费意愿的产生。基于此，提出如下假设：

H6：正面情绪在感知价值与夜市消费意愿关系中有显著的中介作用。

H7：负面情绪在感知价值与夜市消费意愿关系中有显著的中介作用。

---

① 王琦，王雅男. 网购消费情绪与在线评论意愿关系的实证研究 [J]. 山西大学学报（哲学社会科学版），2014，37（3）：73-81.

② 胡保玲，李娜. 情绪、关系质量与农村居民耐用品消费意愿研究 [J]. 山东财经大学学报，2016，28（3）：62-68.

③ 贾建忠，吴建齐. 微信支付服务质量对顾客忠诚的影响机制研究——消费情绪的中介效应 [J]. 华南理工大学学报（社会科学版），2016，18（1）：28-39.

④ 李佳敏，张晓飞. 品牌感知价值对顾客重复购买意愿的影响：顾客情绪的中介作用 [J]. 商业经济研究，2020（18）：63-66.

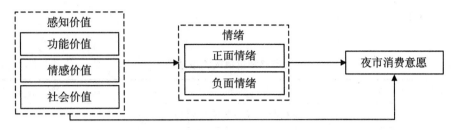

图 3-1 感知价值对城市居民夜市消费意愿作用的概念模型

3.3 感知价值影响的研究设计与数据分析

3.3.1 量表测量

为了便于对感知价值与城市居民夜市消费意愿间作用的概念模型进行检验，并对所提出的相关假设进行验证，需要对概念模型所涉及的变量进行量化和测量。本章所涉及的功能价值、情感价值、社会价值、正面情绪、负面情绪和夜市消费意愿等变量的测量量表均借鉴自国内外已有成熟量表，并在充分考虑夜市消费特点的基础上结合管理学相关学者的意见修改完善而成。此外，为了提升量表的可读性和信效度，两位经管专业博士参与了对国外量表的双向翻译和润色。

夜市感知价值是指城市居民在夜市购买商品或接受服务时对所承担的成本与感知的利得的判断与衡量，并由此形成的对所购买商品或接受服务效用的整体评价。在充分借鉴国内外学者关于感知价值的研究成果基础上，对夜市感知价值所包括的功能价值、情感价值和社会价值三个维度的测量量表进行设计。其中，夜市功能价值的测量量表主要借鉴自Sweeney 和 Soutar（2001）的研究成果,[1] 主要包括 3 个测量题项，如"夜市提供的商品或服务价格合理，物有所值"等；夜市情感价值的测量量表主要借鉴自邹德强（2007）的研究成果,[2] 主要包括 3 个测量题项，如"在夜市购买商品或服务可以给我带来快乐的感受"等；夜市社会价值的测量量表主要借鉴自 Zeithaml（1988）的研究成果,[3] 主要包括 3 个测量题项，如"在夜市购买商品或服务能满足我的社交需求"等。夜市感知价值的测

---

① Sweeney J C，Soutar G N．Consumer Perceived Value：The Development of A Multiple Item Scale ［J］．Journal of Retailing，2001，77（2）：203-220.

② 邹德强，王高，赵平，等．功能性价值和象征性价值对品牌忠诚的影响：性别差异和品牌差异的调节作用 ［J］．南开管理评论，2007（3）：4-12+18.

③ Zeithaml V A．Consumer Perceptions of Price，Quality，and Value：A Means-End Model and Synthesis of Evidence ［J］．Journal of Marketing，1988，52（3）：2-22.

量量表如表 3-1 所示。

表 3-1　　　　　　　　　　　　夜市感知价值的测量量表

变量	测 量 题 项	题项来源
夜市功能价值	夜市提供的产品或服务值得信赖	Sweeney 和 Soutar（2001）
	夜市提供的产品或服务质量使我满意	
	夜市提供的产品或服务价格合理，物有所值	
夜市情感价值	在夜市游玩可以丰富我的生活	邹德强（2007）
	在夜市购买产品或服务能让我产生幸福感	
	在夜市购买产品或服务可以给我带来快乐的感受	
夜市社会价值	我和朋友去夜市聚餐能够体现我的社会地位	Zeithaml（1988）
	我和朋友去夜市聚餐让我感到骄傲	
	在夜市购买产品或服务能满足我的社交需求	

　　夜市消费情绪是指城市居民在夜市购买商品或接受服务时形成的一系列正面或负面的心理反应。在充分借鉴国内外学者关于情绪的研究成果基础上，对夜市消费情绪所包括的正面情绪和负面情绪两个维度的测量量表进行设计。其中，夜市消费正面情绪的测量量表和夜市消费负面情绪的测量量表均主要借鉴自金立印（2008）的研究成果，[①] 分别主要包括 3 个测量题项，如"光顾夜市让我感到非常高兴"等和"夜市提供的商品或服务让我感到非常失望"等。夜市消费情绪的测量量表如表 3-2 所示。

表 3-2　　　　　　　　　　　　夜市消费情绪的测量量表

变量	测 量 题 项	题项来源
正面情绪	光顾夜市让我感到非常高兴	金立印（2008）
	光顾夜市让我感到非常放松	
	光顾夜市让我感到非常满足	
负面情绪	光顾夜市让我感到非常厌烦	
	夜市提供的产品或服务会让我感到难以接受	
	夜市提供的产品或服务会让我感到非常失望	

---

　　① 金立印 . 服务接触中的员工沟通行为与顾客响应——情绪感染视角下的实证研究 [J]. 经济管理，2008（18）：28-35.

夜市消费意愿是指城市居民在夜市购买商品或接受服务的主观概率或可能性，以及将来持续消费的意愿与行为反应。在充分借鉴国内外学者关于夜市消费意愿的研究成果基础上，对夜市消费意愿的测量量表进行设计。夜市消费意愿的测量量表主要借鉴自 O'Cass 和 Fenech（2003）与陈文沛（2013）的研究成果，① 主要包括 3 个测量题项，如 "我经常推荐亲朋好友在夜市购买商品或服务" 等。夜市消费意愿的测量量表如表 3-3 所示。

表 3-3 　　　　　　　　　　　**夜市消费意愿的测量量表**

变量	测量题项	题项来源
夜市消费意愿	我经常在夜市购买产品或服务	O'Cass 和 Fenech（2003）、陈文沛（2013）
	我会持续在夜市购买产品或服务	
	我经常推荐亲朋好友在夜市购买商品或服务	

3.3.2　样本与数据收集

根据本章所构建的概念模型和提出的相关假设，调查问卷主要对功能价值、情感价值、社会价值、正面情绪、负面情绪和夜市消费意愿等六个变量的测量题项进行测量。调查问卷主要包括三个方面的内容，首先是对问卷的简介和对夜市消费基本情况的调查，选取了全国各地知名夜市并列出对应名称，如武汉户部巷、南京夫子庙夜市、北京王府井小吃街、开封鼓楼夜市等，要求被调查对象选出自己有消费经历且熟悉的夜市或给出自己经常消费的夜市作为后面调查题项填写的参照对象，以加深被调查对象对夜市的认识和便于被调查对象了解本次调查的目的和意义。其次是要求被调查对象根据所选参照夜市，完成对六个变量测量题项的调查，共包括 18 个调查题项，采用李克特 5 点量表法对问卷中各变量的测量题项进行调查，要求被调查对象根据自己对调查题项的认识和理解从 1 到 5 中进行选择，其中 1 代表 "非常不同意"，2 代表 "不同意"，3 代表 "不确定"，4 代表"同意"，5 代表 "非常同意"。最后是对被调查对象性别、年龄、收入、学历等人口统计变量的调查。考虑到被调查对象的性别、年龄、收入、学历等人口统计变量会对感知价值与城市居民消费意愿之间的关系造成影响，因此这些变量在实证分析中将会被作为控制变量。

---

① O'Cass A , Fenech T . Web Retailing Adoption：Exploring the Nature of Internet Users Web Retailing Behaviour［J］. Journal of Retailing and Consumer Services, 2003, 10（2）：81-94.
陈文沛 . 消费者创新性问题研究综述［J］. 技术经济, 2013, 32（4）：41-47.

　　我们主要通过问卷星在线问卷调查平台发放调查问卷收集。为了保证收集数据的真实性和准确性，在问卷发放前对 IP 地址和作答次数进行了限制，且限定为城市居民进行作答。在线调查共收集数据 449 份，剔除部分无效问卷后有效问卷为 334 份，问卷有效率为74.39%。其中，女性为 173 人，占有效样本数的 51.80%；40 岁及以下为 321 人，占有效样本数的 96.11%；本科及以上学历为 215 人，占有效样本数的 64.37%；月收入 2500 元以上为 119 人，占有效样本数的 35.63%。可见，被调查对象中年轻、高学历的城市居民居多，符合年轻人作为夜市核心消费群体的一般特征，表明被调查对象对夜市具有更高的认知度，能更容易和高效地完成问卷的调查题项，保证了所收集数据的可靠性和有效性。有效样本的人口统计变量统计信息如表 3-4 所示。

表 3-4　　　　　　　有效样本人口统计变量统计情况（N=334）

统计内容	内容分类	人数（人）	百分比（%）
性别	男	161	48.20
	女	173	51.80
年龄	20 岁及以下	51	15.27
	21~30 岁	233	69.76
	31~40 岁	37	11.08
	40 岁以上	13	3.89
受教育水平	高中及以下	29	08.68
	专科	90	26.95
	本科	131	39.22
	硕士及以上	84	25.15
月收入水平	1000 元及以下	64	19.16
	1001~1500 元	100	29.94
	1501~2500 元	51	15.27
	2500 元以上	119	35.63
职业	学生	161	48.20
	企业人员	54	16.17
	政府事业单位人员	28	8.38
	自由职业	51	15.27
	其他	40	11.98

3.3.3　信度与效度检验

在进行信度和效度检验前，先对各变量测量题项的因子载荷进行计算，发现各题项的因子载荷均大于 0.5，因此所有变量的测量题项均保留。采用 Cronbach's α 系数对测量量表信度进行检验，结果如表 3-1 所示。各变量的 Cronbach's α 系数均大于 0.8，表明该量表信度较高。测量量表的 KMO 值和 Bartlett 球形值显示，各变量的 KMO 值均大于 0.6，Bartlett 球形值均大于 408.720 且显著，表明该量表适合进行因子分析。采用因子分析得到的各题项因子载荷计算对应变量的 AVE 值和 CR 值。由表 3-5 可知，上述变量的 AVE 值均大于 0.635，CR 值均大于 0.838，表明该量表收敛效度较好。

表 3-5　　　　　　　　　信度和收敛效度分析结果（N=334）

变量	因子载荷范围	Cronbach's α	KMO 值	Bartlett 球形值	AVE 值	CR 值
感知功能价值	0.765~0.876	0.853	0.722	444.924 ***	0.663	0.855
感知情感价值	0.690~0.648	0.833	0.696	408.720 ***	0.635	0.838
感知社会价值	0.719~0.888	0.842	0.705	425.071 ***	0.650	0.847
正面情绪	0.803~0.854	0.862	0.737	462.711 ***	0.674	0.861
负面情绪	0.799~0.914	0.895	0.735	614.282 ***	0.745	0.897
夜市消费意愿	0.758~0.860	0.847	0.719	428.786 ***	0.654	0.849

注：*** 表示 P<0.001，** 表示 P<0.01，* 表示 P<0.05。

对变量间的相关性进行分析，结果如表 3-6 所示。感知功能价值（β=0.428，P<0.001）、感知情感价值（β=0.638，P<0.001）、感知社会价值（β=0.261，P<0.001）均与正面情绪呈正相关关系；感知情感价值（β=−0.155，P<0.01）与负面情绪呈负相关关系，感知社会价值（β=0.309，P<0.001）与负面情绪呈正相关关系；感知功能价值（β=0.525，P<0.001）、感知情感价值（β=0.573，P<0.001）、感知社会价值（β=0.302，P<0.001）、正面情绪（β=0.573，P<0.001）均与夜市消费意愿呈显著正相关关系，负面情绪（β=−0.115，P<0.05）与夜市消费意愿呈负相关关系，结果对研究假设提供了初步支持。此外，各变量 AVE 值的平方根均高于对应的相关系数，说明该量表的区别效度较好。

表 3-6　　　　　　　　　相关系数与区别效度的分析结果（N=334）

变量	1	2	3	4	5	6
1 感知功能价值	0.814					
2 感知情感价值	0.570 ***	0.797				

续表

变量	1	2	3	4	5	6
3 感知社会价值	0.309 ***	0.185 **	0.806			
4 正面情绪	0.428 ***	0.638 ***	0.261 ***	0.821		
5 负面情绪	−0.087	−0.155 **	0.309 ***	−0.176 **	0.863	
6 夜市购买意愿	0.525 ***	0.573 ***	0.302 ***	0.573 ***	−0.115 *	0.809

注：*** 表示 P<0.001，** 表示 P<0.01，* 表示 P<0.05；对角线上的数值为 AVE 值平方根。

3.3.4　假设检验

首先通过结构方程模型对主效应模型进行检验。结果发现，感知功能价值（$\beta = 0.072$，$P = 0.256$）对正面情绪、感知功能价值（$\beta = -0.136$，$P = 0.053$）对负面情绪、负面情绪（$\beta = -0.069$，$P = 0.257$）对城市居民夜市购买意愿、感知社会价值（$\beta = 0.107$，$P = 0.057$）对城市居民夜市购买意愿的影响均不显著。在剔除不显著的影响路径后得到修正后主效应模型的拟合指标，如表 3-7 所示。CMIN/DF = 4.073、RMSEA = 0.096、GFI = 0.854、NFI = 0.861、IFI = 0.891，各拟合指标基本达到相应检验标准，表明修正后主效应模型的拟合度较好。感知情感价值（$\beta = 0.738$，$P<0.001$）、感知社会价值（$\beta = 0.122$，$P<0.05$）对正面情绪有显著正向影响；感知社会价值（$\beta = 0.411$，$P<0.001$）对负面情绪有显著正向影响；感知情感价值（$\beta = -0.257$，$P<0.001$）对负面情绪有显著负向影响；感知功能价值（$\beta = 0.329$，$P<0.001$）、感知情感价值（$\beta = 0.255$，$P<0.05$）和正面情绪（$\beta = 0.393$，$P<0.001$）均对夜市消费意愿有显著正向影响。可见，假设 H1、H2 和 H4 得到支持。

表 3-7　　　　　　　　　　主效应检验结果　（N = 334）

路径	标准化路径系数	C.R.	P 值	拟合指标
感知情感价值→正面情绪	0.738	10.399	0.000	
感知社会价值→正面情绪	0.122	2.418	0.016	CMIN/DF = 4.073
正面情绪→夜市消费意愿	0.393	4.260	0.000	RMSEA = 0.096
感知社会价值→负面情绪	0.411	6.619	0.000	GFI = 0.854
感知情感价值→负面情绪	−0.257	−4.320	0.000	NFI = 0.861
感知情感价值→夜市消费意愿	0.255	2.529	0.011	IFI = 0.891
感知功能价值→夜市消费意愿	0.329	5.027	0.000	

采用三步法对正面情绪的中介作用进行检验，结果如表 3-8 所示。依据主效应分析结果，中介效应检验主要针对感知情感价值、正面情绪与夜市消费意愿和感知社会价值、正面情绪与夜市消费意愿这两个作用路径展开。由模型 2 可知，感知情感价值（β=0.633，P<0.001）对城市居民的正面情绪有显著正向影响。由模型 5 可知，感知情感价值（β=0.569，P<0.001）对城市居民夜市消费意愿有显著正向影响。由模型 8 可知，正面情绪（β=0.347，P<0.001）对城市居民夜市消费意愿有显著正向影响，感知情感价值（β=0.350，P<0.001）对城市居民夜市消费意愿有显著正向影响且回归系数出现了下降（0.350<0.569），说明正面情绪在感知情感价值对夜市消费意愿的影响中发挥部分中介作用，假设 H6 得到部分支持。由模型 3 可知，感知社会价值（β=0.269，P<0.001）对正面情绪有显著正向影响。由模型 6 可知，感知社会价值（β=0.311，P<0.001）对夜市消费意愿有显著正向影响。由模型 9 可知，正面情绪（β=0.523，P<0.001）对夜市消费意愿有显著正向影响，感知社会价值（β=0.170，P<0.001）对夜市消费意愿有显著正向影响且回归系数下降（0.170<0.311），说明正面情绪在感知社会价值对夜市消费意愿的影响中发挥部分中介作用，假设 H6 得到部分支持。

表 3-8　　　　　　　　　中介作用回归分析结果（N=334）

研究变量	正面情绪			夜市消费意愿					
	模型 1	模型 2	模型 3	模型 4	模型 5	模型 6	模型 7	模型 8	模型 9
性别	0.148**	0.083	0.148	0.104	0.046	0.104*	0.020	0.017	0.027
年龄	−0.013	0.008	−0.041	−0.012	0.007	−0.045	−0.005	0.004	−0.023
学历	0.001	−0.026	0.017	−0.035	−0.059	−0.016	−0.035	−0.050	−0.025
职业	−0.021	−0.019	−0.007	−0.013	−0.012	0.003	−0.002	−0.005	0.007
收入	0.031	−0.021	0.050	0.074	0.027	0.095	0.056	0.035	0.069
感知情感价值		0.633***			0.569***			0.350***	
感知社会价值			0.269***			0.311***			0.170***
正面情绪							0.569***	0.347***	0.523***
R^2	0.023	0.415	0.094	0.016	0.334	0.111	0.333	0.404	0.359
调整 R^2	0.008	0.405	0.077	0.001	0.322	0.095	0.320	0.392	0.345
F	1.517	38.729***	5.629***	1.057	27.336***	6.808***	27.163***	31.628***	26.099***
VIF 最大值	1.553	1.553	1.556	1.553	1.553	1.556	1.553	1.711	1.556

注：***表示 P<0.001，**表示 P<0.01，*表示 P<0.05。

3.4　感知价值影响的实证研究结果讨论

本章对所构建的感知价值对城市居民夜市消费意愿影响的概念模型以及相关假设进行了实证分析和检验，根据实证研究结果对本章的假设支持情况进行汇总，具体检验结果如表 3-9 所示。

表 3-9　　　　　　　　　　　感知价值影响的假设检验结果汇总

假 设 内 容	结果
H1：感知功能价值对夜市消费意愿有显著正向影响	支持
H2：感知情感价值对夜市消费意愿有显著正向影响	支持
H3：感知社会价值对夜市消费意愿有显著正向影响	不支持
H4：正面情绪对夜市消费意愿有显著正向影响	支持
H5：负面情绪对夜市消费意愿有显著负向影响	不支持
H6：正面情绪在感知价值与夜市消费意愿关系中有显著的中介作用	部分支持
H7：负面情绪在感知价值与夜市消费意愿关系中有显著的中介作用	不支持

由实证研究结果可以发现，感知情感价值和感知社会价值对夜市消费意愿有显著正向影响；正面情绪对夜市消费意愿有显著正向影响；正面情绪在感知价值与夜市消费意愿关系中有显著的中介作用，但其他假设没有得到支持。基于实证研究结果，本章提出如下研究结论：

一是感知功能价值和感知情感价值对夜市消费意愿有显著正向影响，而感知社会价值影响不显著。可见，夜市提升了城市居民消费体验感，满足了城市居民释放压力和愉悦身心的内在需求，激发了城市居民的消费活力。相较于感知功能价值和感知情感价值，感知社会价值影响不显著则可能是因为夜市社交共享空间不足，无法满足城市居民在休息之余兼顾社交的需求。

二是感知情感价值对城市居民正面情绪有显著正向影响，而感知社会价值对正面情绪、负面情绪均有显著正向影响。城市居民感知价值的三个维度分别处于不同的层次。感知功能价值仅能满足城市居民物质上的获得感，是低层次的。而当前夜市消费者注重的是精神文化需求等高层次的满足感，感知情感价值和感知社会价值能激发城市居民愉悦的心情，促进城市居民产生正面情绪，从而能更好地吸引和留住城市居民。热闹的夜市氛围在满足城市居民社群交流等精神需求的同时，喧嚣、嘈杂的聚会场地也可能引发城市居民的不适感。

　　三是正面情绪在感知情感价值对夜市消费意愿和感知社会价值对夜市消费意愿的影响中发挥了中介作用。夜市游玩丰富了城市居民的休闲时间，满足了城市居民释放压力和放松身心的生活需求，激发了其正面情绪的产生。当正面情绪占据主导地位后，城市居民会高估自身购物需求，增加消费意愿。在夜市与好友聚会则丰富了城市居民的社交需求，促使其产生正面情绪，而这种消费情绪的出现会对城市居民随后的消费意愿产生重要的推动作用。

3.5　本章小结

　　本章以城市居民为研究对象，引入夜市消费情绪作为中介变量，对夜市感知价值与夜市消费意愿之间的作用机理进行研究，建立了三者间关系的概念模型，主要探讨了感知价值对夜市消费意愿的直接作用、情绪对夜市消费意愿的直接作用以及情绪在感知价值与夜市消费意愿之间的中介作用。

　　基于采集的 334 份有效样本数据，采用结构方程模型和分层回归分析方法进行实证分析发现：感知功能价值和感知情感价值对夜市消费意愿有显著正向影响，感知社会价值的影响不显著；正面情绪对夜市消费意愿有显著正向影响，负面情绪的影响不显著；正面情绪分别在感知情感价值和感知社会价值对夜市消费意愿的影响中发挥部分中介作用。

第4章 服务质量感知对城市居民
再次消费意愿的影响研究

4.1 引言

城市居民夜市消费对象主要为餐饮、娱乐、游览和休闲等，多为服务消费。促进夜市可持续性发展，不断优化夜市服务质量就成为提升城市居民夜市消费频率和培养回头客的重要途径。学者们围绕不同消费情境下的服务质量感知展开了相关研究。何浏（2013）将B2B2C环境下的消费者快递服务质量感知分为时间价值、物品价值、员工价值和便利价值四个维度，并通过实证分析发现这四个要素对消费者满意度均有显著正向影响。① 周文静和王恒利（2017）对运动者公共体育场服务质量感知和购后行为间的关系分析发现，服务质量感知下的服务产品、服务传递和服务环境因子均对积极购后行为有显著正向影响。② 姜岩（2021）提出铁路零担货运服务质量感知应包括响应性、可靠性、经济性、便利性、保证性和有形性六个维度，研究发现铁路零担货运服务质量感知对客户满意度有显著正向影响。③ 已有服务质量感知研究主要基于多维视角，且多为服务质量感知与行为意愿间的直接关系验证。这些文献较少关注夜市消费情境下的服务质量感知，没有明确服务质量感知与再次消费意愿间的内在作用机理。夜市服务内容与方式的多样性使得夜市服务质量感知也具备了多维属性。由夜市服务质量感知到再次消费意愿的生成蕴含了城市居民一系列心理转化机制。对这些心理机制的挖掘能更深入地把握其再次前往夜市消费的服务质量动因和内在作用过程，促进夜市服务质量的优化。

---

① 何浏. B2B2C环境下快递服务品牌的消费者满意研究——感知服务质量的中介效应 [J]. 中国软科学, 2013（12）: 114-127.

② 周文静, 王恒利. 感知服务质量与购后行为: 公共体育场馆运动者的影响效果研究 [J]. 江汉大学学报（自然科学版）, 2017, 45（2）: 186-192.

③ 姜岩. 铁路零担货运服务质量与客户满意度关系实证——基于客户感知视角 [J]. 中国流通经济, 2021, 35（1）: 11-23.

本章引入幸福动机作为中介变量，构建夜市服务质量感知对城市居民再次消费意愿作用的概念模型，探究不同夜市服务质量感知通过幸福动机对城市居民再次消费意愿影响的机理，发现和明确不同夜市服务质量感知的作用路径差异。此外，还引入心理资本作为调节变量，探究夜市服务质量影响下不同心理资本城市居民前往夜市再次消费的心理与行为表现，探索夜市服务质量感知作用的边界条件。研究将帮助夜市经营者明确城市居民对夜市服务质量的要求和夜市服务质量优化的方向，提升城市居民前往夜市消费的主动性和积极性，实现夜市的可持续性发展。

4.2 服务质量感知影响的研究假设

4.2.1 服务质量感知与幸福动机

服务质量感知是个体对服务的一种主观感知与评价，其主要取决于个体对服务质量期望与实际感知之间的差距。[①] 由于服务质量感知主要由个体进行主观评判，这使得其构成与测量成为学者们关注的焦点。虽然学者们对服务质量感知构成维度的认识并不统一，但目前最具代表性的服务质量感知构成模型主要包括 SERVQUAL 模型和三要素模型。SERVQUAL 模型由 PZB（1988）提出，他们认为可由有形性、可靠性、响应性、保证性和移情性五个方面对服务质量感知进行测量。[②] 服务质量感知三要素模型则由 Rust 和 Oliver（1994）提出，其指出服务质量感知应由服务产品、服务传递和服务环境三要素构成。[③] 虽然 SERVQUAL 模型已被广泛采用，但就夜市服务特点而言，三要素模型更适合夜市服务质量感知的研究。在夜市消费情境下，夜市服务产品对应于顾客在夜市接受美食、娱乐与购物等服务后感受到的轻松、自在和愉悦；夜市服务传递对应于顾客在接受夜市服务过程中体验到的好客、亲近和烟火气；夜市服务环境则对应于夜市经营方依据地方文化特色或将传统与现代结合等方式对夜市消费场景的打造。

幸福感是个体在生存与发展的需求得到满足后形成的一系列欣喜与快乐的主观状

---

① Gronroos C. An Applied Service Marketing Theory [J]. European Journal of Marketing, 1982, 16 (7): 30-41.

② Parasuraman A, Zeithaml V A, Berry L L. SERVQUAL: A Multiple-Item Scale for Measuring Consumer Perceptions of Service Quality [J]. Journal of Retailing, 1988, 64 (1): 12-40.

③ Rust R, Oliver R L. Service Quality: New Directions in Theory and Practice [M]. Thousand Oaks, CA: Sage Publication, 1994.

态。① 由于幸福感主要聚焦于人们的生活状态与结果，导致其无法诠释个体追求幸福的方向与过程。针对这个问题，Peterson 等（2005）提出了幸福动机的概念，认为幸福动机是个体始终追求的某种状态或希望获取的某个有价值的目标，体现了个体的价值取向，并将幸福动机分为享乐幸福动机和意义幸福动机两个维度。其中，享乐幸福动机是指个体追求当下能创造积极情感和愉悦体验的活动；意义幸福动机是指个体追求更长远和更广阔的与成长、敬畏和启发等相关的活动。② 夜市消费情境下的幸福动机也能被分为享乐幸福动机和意义幸福动机。享乐幸福动机的城市居民追求夜市服务带来的即时身心愉悦，他们关注夜市服务能否满足其感官上的体验与刺激，帮助其缓解工作生活压力和放松身心；意义幸福动机的城市居民追求夜市服务带来的意义感，他们关注夜市服务能否满足其理性的社会交往和自我提升需要，以增长自己的生活意义感和个人潜能。服务质量感知被视为幸福动机形成的重要影响因素。张跃先等（2017）研究发现，由服务人员和其他顾客构成的人际因素以及产品和服务氛围构成的非人际因素对消费者幸福感有驱动作用。③ 不论是何种夜市服务质量感知，城市居民都会依据所追求的状态是否得到满足、个人价值是否实现等夜市服务体验评价，形成不同内容或水平的幸福动机。基于以上分析，提出如下假设：

H1：夜市服务质量对幸福动机有显著正向影响。

H1a：夜市服务产品对幸福动机有显著正向影响；

H1b：夜市服务传递对幸福动机有显著正向影响；

H1c：夜市服务环境对幸福动机有显著正向影响。

4.2.2　幸福动机与再次消费意愿

动机被认为对再次消费意愿的形成有较强解释作用。赵雪祥和骆培聪（2019）指出消费者是否具有重游意愿的关键在于其动机，且通过实证研究发现旅游动机对重游意愿有显著正向影响。④ 幸福动机同样能促进再次消费意愿的产生。张爱萍和王晨光（2018）研究

---

①　李继波，黄希庭．时间与幸福的关系：基于跟金钱与幸福关系的比较［J］．西南大学学报（社会科学版），2013，39（1）：76-82，174.

②　Peterson C, Park N, Seligman M. Orientations to Happiness and Life Satisfaction: The Full Life Versus the Empty Life［J］. Journal of Happiness Studies, 2005, 6（1）: 25-41.

③　张跃先，马钦海，杨勇．基于服务消费情境的消费者幸福感构念开发和驱动因素研究［J］．管理学报，2017，14（4）：568-579.

④　赵雪祥，骆培聪．乡村旅游目的地游客旅游动机对重游意愿的影响——交往意愿的中介作用［J］．福建师范大学学报（自然科学版），2019，35（6）：108-116.

发现享乐幸福动机和意义幸福动机都会引导消费者在对应的方向上花费更多的时间和精力，以提升其价值主张的水平，并会通过后续消费等方式与企业价值主张建立更深层次的联系。① 夜市消费情境下，幸福动机可以被认为是城市居民正式接受夜市服务的开始，对夜市再次消费意愿有着重要的影响。享乐幸福动机的城市居民会因从夜市美食、娱乐等服务体验中获得更多的感官、联想和情绪上的愉悦感而决定采取更多的后续消费行为。城市居民的享乐幸福动机越强，由夜市服务体验形成的愉悦感越容易被唤起，再次前往夜市消费的意愿也越容易产生。意义幸福动机的城市居民则会因夜市提供的社交与学习类服务持续促进个人成长与发展而选择再次前往夜市消费。吕国庆和周琰（2021）研究发现意义幸福动机对幸福感预测有显著正向影响，指出意义幸福动机个体希望通过彰显自我价值或与他人建立联系来持续增强幸福感。② 可见，城市居民的意义幸福动机越强，其越愿意通过夜市提供的社交与学习类服务提升自我，也更愿意再次前往夜市进行消费。基于以上分析，提出如下假设：

H2：幸福动机对再次消费意愿有显著正向影响。

H2a：享乐幸福动机对再次消费意愿有显著正向影响；

H2b：意义幸福动机对再次消费意愿有显著正向影响。

4.2.3 幸福动机的中介作用

由关于服务质量感知对幸福动机影响和幸福动机对再次消费意愿影响的假设可以推测，服务质量感知、幸福动机和再次消费意愿间可能存在相互作用关系。此外，由 S-O-R 理论可知，城市居民在感知夜市服务质量后，会对感知到的服务质量内容进行内在的心理加工，如服务质量满足其所追求的愉悦状态或促进个人价值提升的程度越高，则幸福动机越强，夜市再次消费意愿也会越高。可见，幸福动机在夜市服务质量感知对城市居民再次消费意愿的影响中发挥中介作用。这种中介作用主要表现为：首先，夜市服务质量感知能够激活城市居民的愉悦感或意义感，从而增强城市居民的幸福动机；其次，因夜市服务质量感知建立起来的幸福动机会提升城市居民的再次消费意愿。基于以上分析，提出如下假设：

H3：幸福动机在夜市服务质量和再次消费意愿间有显著中介作用。

---

① 张爱萍，王晨光. 消费者会响应企业的价值主张吗？——幸福动机对价值主张强度的影响［J］. 外国经济与管理，2018，40（11）：90-101.

② 吕国庆，周琰. 意义幸福倾向与幸福感的关系：亲社会行为和基本心理需要的多重中介作用［J］. 心理技术与应用，2021，9（2）：95-101.

H3a：享乐幸福动机在夜市服务产品和再次消费意愿间有显著中介作用；

H3b：享乐幸福动机在夜市服务传递和再次消费意愿间有显著中介作用；

H3c：享乐幸福动机在夜市服务环境和再次消费意愿间有显著中介作用；

H3d：意义幸福动机在夜市服务产品和再次消费意愿间有显著中介作用；

H3e：意义幸福动机在夜市服务传递和再次消费意愿间有显著中介作用；

H3f：意义幸福动机在夜市服务环境和再次消费意愿间有显著中介作用。

4.2.4　心理资本的调节作用

心理资本体现了个体积极的心理状态，是个体保持积极向上和战胜挑战的重要内在动力，被认为是一种能影响个体体验产品或服务时内在心理活动过程的人格特征变量。① 由于心理资本主要聚焦于个体内在的状态与成长，使得拥有强心理资本的个体会更关注能让自身保持积极状态的内在要素，而忽略外界要素对自己的作用与影响。骆紫薇和陈斯允（2018）研究发现心理资本在社会支持对消费者权力感知的影响中发挥负向调节作用，指出强心理资本的消费者拥有高水平的内向聚焦力，更依赖于借由自己内在的调节来协调自身与外界的关系，这使得其对属于外界要素的社会支持刺激反应更弱，更难由外界要素的作用形成补偿性消费。② 在夜市消费情境下，不同心理资本的城市居民即使拥有相同的夜市服务质量感知，他们的幸福动机内容与水平也是存在差异的。虽然夜市消费被认为可以帮助城市居民缓解和释放工作压力，但强心理资本的城市居民更偏向于在夜间通过自我开导和暗示的方式来疏导所面对的压力以使自己愉悦，这让夜市服务质量对他们而言并不重要，也不会将夜市服务质量视作再次前往夜市消费的重要外部线索，而对于弱心理资本的城市居民则相反（见图 4-1）。基于以上分析，提出如下假设：

H4：心理资本在夜市服务质量对幸福动机的影响中有负向调节作用。

H4a：心理资本在夜市服务产品对享乐幸福动机的影响中有负向调节作用；

H4b：心理资本在夜市服务传递对享乐幸福动机的影响中有负向调节作用；

H4c：心理资本在夜市服务环境对享乐幸福动机的影响中有负向调节作用；

H4d：心理资本在夜市服务产品对意义幸福动机的影响中有负向调节作用；

---

① 刘新民，傅晓晖，王松. 个性化推荐系统的感知价值对用户接受意愿的影响研究——基于心理资本的调节作用 [J]. 技术与创新管理，2017，38（4）：403-411.

② 骆紫薇，陈斯允. 社会支持对顾客补偿性消费的影响——感知权力与心理资本的作用 [J]. 软科学，2018，32（1）：114-117.

H4e：心理资本在夜市服务传递对意义幸福动机的影响中有负向调节作用；

H4f：心理资本在夜市服务环境对意义幸福动机的影响中有负向调节作用。

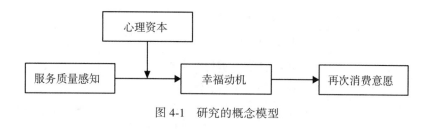

图 4-1　研究的概念模型

4.3　服务质量感知影响的研究设计与数据分析

4.3.1　变量测量

为了便于对夜市服务质量感知与城市居民夜市再次消费意愿间作用的概念模型进行检验，并对所提出的相关假设进行验证，需要对概念模型所涉及的变量进行量化和测量。本章所涉及的夜市服务产品、夜市服务传递、夜市服务环境、享乐幸福动机、意义幸福动机、心理资本、夜市再次消费意愿等变量的测量量表均借鉴自国内外已有的成熟量表，并在充分考虑夜市消费特点的基础上结合管理学相关学者的意见修改完善而成。此外，为了提升量表的可读性和信效度，两位经管专业博士参与了对国外量表的双向翻译和润色。

夜市服务质量感知是城市居民基于对夜市服务质量的期望和实际效用间的感知差距形成的对夜市服务的一种主观感知与评价。在充分借鉴国内外学者关于服务质量感知的研究成果的基础上，对夜市服务质量感知所包括的夜市服务产品、夜市服务传递和夜市服务环境三个维度的测量量表进行设计。夜市服务产品、夜市服务传递和夜市服务环境三者的测量量表均主要借鉴自文吉和曾婷婷（2011）的研究成果①，其中夜市服务产品包括 4 个题项，如"该夜市有体现当地特色文化的产品或服务"等；夜市服务传递包括 3 个题项，如"该夜市提供热情好客和接地气的服务"等；夜市服务环境包括 4 个题项，如"该夜市的烟火气浓厚"等。夜市服务质量感知的测量量表如表 4-1 所示。

---

① 文吉，曾婷婷．主题酒店顾客感知服务质量与购后行为的关系研究——基于深圳市主题酒店的实证研究［J］．人文地理，2011，26（4）：127-131.

表 4-1　　　　　　　　　　　夜市服务质量感知的测量量表

变量	测 量 题 项	题项来源
夜市服务产品	该夜市有体现当地特色文化的产品或服务	文吉和曾婷婷（2011）
夜市服务产品	该夜市有各式美食	文吉和曾婷婷（2011）
夜市服务产品	该夜市有丰富的文化娱乐活动	文吉和曾婷婷（2011）
夜市服务产品	该夜市有可供游览的特色景观	文吉和曾婷婷（2011）
夜市服务传递	该夜市有明晰的指示牌和宣传广告	文吉和曾婷婷（2011）
夜市服务传递	该夜市提供热情好客和接地气的服务	文吉和曾婷婷（2011）
夜市服务传递	该夜市能及时提供顾客所需的产品或服务	文吉和曾婷婷（2011）
夜市服务环境	该夜市的建筑等硬件设施具有当地文化特色	文吉和曾婷婷（2011）
夜市服务环境	该夜市的烟火气浓厚	文吉和曾婷婷（2011）
夜市服务环境	该夜市的交通设施便利	文吉和曾婷婷（2011）
夜市服务环境	该夜市的经营秩序规范有序	文吉和曾婷婷（2011）

　　幸福动机是指城市居民希望通过夜市消费去实现自己追求的目标或者优先达成的事宜，体现了城市居民的一种价值观。在充分借鉴国内外学者关于幸福动机研究成果的基础上，对幸福动机所包括的享乐幸福动机和意义幸福动机两个维度的测量量表进行设计。享乐幸福动机和意义幸福动机的测量量表均主要借鉴张爱萍和王晨光（2018）的研究成果①，其中享乐幸福动机包括 4 个题项，如"在该夜市可以获得愉悦的消费体验"等；意义幸福动机包括 4 个题项，如"该夜市提供的社交环境吸引我前往消费"等。幸福动机的测量量表如表 4-2 所示。

表 4-2　　　　　　　　　　　幸福动机的测量量表

变量	测 量 题 项	题项来源
享乐幸福动机	在该夜市可以获得愉悦的消费体验	
享乐幸福动机	在该夜市可以获得有趣的消费体验	
享乐幸福动机	在该夜市可以获得放松的消费体验	
享乐幸福动机	在该夜市可以获得感官的刺激体验	

---

　　①　张爱萍，王晨光 . 消费者会响应企业的价值主张吗？——幸福动机对价值主张强度的影响 [J]. 外国经济与管理，2018，40（11）：90-101.

续表

变量	测 量 题 项	题项来源
意义幸福动机	该夜市提供的社交环境吸引我前往消费	张爱萍和王晨光（2018）
	该夜市闹中取静的书吧等学习环境吸引我前往消费	
	前往该夜市，我可以感受到被爱和尊重	
	在该夜市消费完后，我可以感觉到继续奋斗的动力	

心理资本是指城市居民保持积极乐观和战胜挑战的积极的心理状态。在充分借鉴国内外学者关于心理资本研究成果的基础上，对心理资本的测量量表进行设计。心理资本的测量量表主要借鉴 Lorenz 等（2016）的研究成果[①]，包括 12 个题项，如"我觉得生活是美好的"等。心理资本测量量表如表 4-3 所示。

表 4-3　　　　　　　　　　　　　　心理资本的测量量表

变量	测 量 题 项	题项来源
心理资本	为了实现理想，我努力地学习和工作	Lorenz 等（2016）
	我正在为自己的目标努力奋斗	
	我信心满满地去追求自己的目标	
	我觉得生活是美好的	
	我觉得社会上还是好人更多	
	我的眼界和能力要高于一般人	
	我的才干受到很多人赞许	
	我对自己的能力很有信心	
	我完成各项任务的业绩都很突出	
	我能很快从挫折中走出来	
	现在的生活状态让我很愉悦	
	压力大的时候，我也能吃得好睡得香	

夜市再次消费意愿是指城市居民在夜市消费并感到满意后决定在未来持续前往夜市消费的一种消费意愿。在充分借鉴国内外学者关于再次消费意愿的研究成果基础上，对夜市再次消费意愿的测量量表进行设计。夜市再次消费意愿的测量量表主要借鉴 Dodds 等

---

① Lorenz T, Beer C, J Pütz, et al. Measuring Psychological Capital: Construction and Validation of the Compound PsyCap Scale（CPC-12）[J]. Plos One, 2016, 11（4）: 1-17.

（1991）的研究成果①，包括 3 个题项，如"如果下次晚间外出消费，我会第一时间选择去该夜市"等。夜市再次消费意愿的测量量表如表 4-4 所示。

表 4-4　　　　　　　　　　　　**夜市再次消费意愿的测量量表**

变量	测 量 题 项	题项来源
夜市再次消费意愿	如果下次晚间外出消费，我会第一时间选择去该夜市	Dodds 等（1991）
	如果有人向我询问，我愿意推荐该夜市	
	我愿意主动向亲朋好友讲述到该夜市的消费体验，并推荐该夜市	

4.3.2　样本与数据采集

根据本章所构建的概念模型和提出的相关假设，调查问卷主要对夜市服务产品、夜市服务传递、夜市服务环境、享乐幸福动机、意义幸福动机、心理资本和夜市再次消费意愿等七个变量的测量题项进行测量。调查问卷主要包括三个方面的内容。首先是对问卷的简介和对夜市消费基本情况的调查，选取了全国各地知名夜市并列出对应名称，如武汉户部巷、南京夫子庙夜市、北京王府井小吃街、开封鼓楼夜市等，要求被调查对象选出自己有消费经历且熟悉的夜市或给出自己经常消费的夜市作为后面调查题项填写的参照对象，以加深被调查对象对夜市的认识和便于被调查对象了解本次调查的目的和意义。其次是要求被调查对象根据所选参照夜市，完成对七个变量测量题项的调查，共包括 34 个调查题项，采用李克特 7 点量表法对问卷中各变量的测量题项进行调查，要求被调查对象根据自己对调查题项的认识和理解从 1 到 7 中进行选择，其中 1 代表"非常不同意"，2 代表"不同意"，3 代表"有点不同意"，4 代表"不确定"，5 代表"有点同意"，6 代表"同意"，7 代表"非常同意"。最后是对被调查对象性别、年龄、收入、学历等人口统计变量的调查。考虑到被调查对象的性别、年龄、收入和职业等人口统计变量会对夜市服务质量感知与城市居民再次消费意愿之间的关系造成影响，因此这些变量在实证分析中将会被作为控制变量。

研究数据主要通过问卷星在线问卷调查平台发放调查问卷收集。为了保证收集数据的真实性和准确性，在问卷发放前对 IP 地址和作答次数进行了限制，且限定为城市居民进行作答。随机发放并回收问卷 280 份，剔除时间过短、结果重复过多等无效问卷后，有效问卷为 272 分，问卷有效率为 97.14%。其中，男性为 127 人，占 46.69%，女性为 145

---

① Dodds W B, Monroe K B, Grewal D. Effects of Price, Brand, and Store Information on Buyers' Product Evaluations [J]. Journal of Marketing Research, 1991, 28 (3): 307-319.

人，占 53.31%；年龄 18~30 岁为 121 人，占 44.49%，31~50 岁为 95 人，占 34.93%；收入 1000 元以下为 49 人，占 18.01%，1000~2999 元为 42 人，占 15.44%，3000~4999 元为 81 人，占 29.78%，5000 元以上为 100 人，占 36.76%。可见，被调查对象中年轻城市居民居多，符合年轻人作为夜市核心消费群体的一般特征，表明被调查对象对夜市具有更高的认知度，能更容易和高效地完成问卷的调查题项，保证了所收集数据的可靠性和有效性。有效样本的人口统计变量统计信息如表 4-5 所示。

表 4-5　　　　　　　　有效样本人口统计变量统计情况（N=272）

统计内容	内容分类	人数（人）	百分比（%）
性别	男	127	46.69
	女	145	53.31
年龄	18 岁以下	34	12.50
	18~30 岁	121	44.49
	31~40 岁	55	20.22
	40 岁以上	62	22.79
月收入水平	1000 元以下	49	18.02
	1000~2999 元	42	15.44
	3000~4999 元	81	29.78
	5000 元以上	100	36.76
职业	学生	66	24.26
	企业人员	144	52.94
	政府事业单位人员	52	19.12
	自由职业	4	1.47
	其他	6	2.21

4.3.3　描述性统计与相关性分析

首先对各变量的信度进行检验。通过对各变量的 Cronbach's α 值计算发现，夜市服务产品的 Cronbach's α 值为 0.890，夜市服务传递的 Cronbach's α 值为 0.892，夜市服务环境的 Cronbach's α 值为 0.906，享乐幸福动机的 Cronbach's α 值为 0.917，意义幸福动机的 Cronbach's α 值为 0.921，心理资本的 Cronbach's α 值为 0.956，再次消费意愿的 Cronbach's α 值为 0.886，均大于 0.6，表明各变量的信度较好。接着，利用收集到的有效数据对变量的标准差、均值以及各变量间的相关系数进行分析，结果如表 4-6 所示。夜市服务产品

表 4-6　变量的均值、标准差与相关系数（N=272）

变量	均值	标准差	1	2	3	4	5	6	7	8	9	10
1. 性别	1.533	0.499										
2. 年龄	3.279	1.506	-0.051									
3. 收入	2.853	1.105	-0.018	0.436***								
4. 职业	6.048	4.658	0.055	0.323***	0.433***							
5. 服务产品	4.721	1.401	0.088	0.408***	0.422***	0.334***						
6. 服务传递	5.248	1.319	0.060	0.507***	0.524***	0.362***	0.654***					
7. 服务环境	4.822	1.436	0.146*	0.406***	0.383***	0.287***	0.571***	0.644***				
8. 享乐幸福动机	4.864	1.414	0.038	0.321***	0.333***	0.221***	0.554***	0.625***	0.593***			
9. 意义幸福动机	4.462	1.508	0.012	0.422***	0.421***	0.318***	0.508***	0.582***	0.502***	0.509***		
10. 心理资本	5.232	1.174	0.008	0.460***	0.479***	0.254***	0.543***	0.682***	0.622***	0.519***	0.533***	
11. 再次消费意愿	5.134	1.315	0.020	0.418***	0.511***	0.307***	0.614***	0.741***	0.674***	0.611***	0.627***	0.651***

注：*** 表示 $P<0.001$，** 表示 $P<0.01$，* 表示 $P<0.05$。

（β=0.554，P<0.001）、夜市服务传递（β=0.625，P<0.001）和夜市服务环境（β=0.593，P<0.001）与享乐幸福动机呈显著正相关关系；夜市服务产品（β=0.508，P<0.001）、夜市服务传递（β=0.582，P<0.001）和夜市服务环境（β=0.502，P<0.001）与意义幸福动机呈显著正相关关系；享乐幸福动机（β=0.611，P<0.001）和意义幸福动机（β=0.627，P<0.001）与夜市再次消费意愿呈显著正相关关系。相关性分析结果初步支持了所提出的变量间直接作用假设。

4.3.4　共同方法偏差检验与验证性因子分析

由于主要变量的测量均由同一份问卷完成且为同一被调查对象的自我报告，为了防止可能存在的共同方法偏差问题，在对问卷设计过程进行控制的同时利用 Harman 单因子检验法对共同方法偏差进行检验。在问卷设计时，为了防止被调查对象因个人隐私问题影响填写的真实性，除了采取匿名填写和作出保密承诺外，还将人口统计变量调查置于问卷的最后部分。为了降低被调查对象因个人偏误倾向影响数据采集的质量，在问卷题项中除了对夜市消费背景进行调查外还设计了相似的调查题项以甄别问卷的答题质量。采用 Harman 单因子检验法判断研究结果是否会受到共同方法偏差的影响。将所有变量放在一起进行未旋转主成分分析，抽取出的第一个主成分的解释变异量为46.940%，小于50%的临界标准，说明共同方法偏差问题在本章的数据中不显著。

对夜市服务质量感知、幸福动机、心理资本和再次消费意愿之间的区别效度进行分析，结果如表4-7所示。通过对七个因子模型的拟合度指标进行比较可以发现，七因子模型相较于其他六个模式而言，模型的拟合度水平最优（χ^2=1930.703，df=506，χ^2/df=3.816，NFI=0.799，IFI=0.843，TLI=0.825，CFI=0.842，RMSEA=0.102）。验证性因子分析的结果表明本章研究的主要变量之间具有较好的区别效度。

表4-7　　　　　　　　　　　验证性因子分析结果（N=272）

模型	χ^2	df	χ^2/df	NFI	IFI	TLI	CFI	RMSEA
七因子模型	1930.703	506	3.816	0.799	0.843	0.825	0.842	0.102
六因子模型	2288.807	512	4.470	0.761	0.804	0.784	0.803	0.113
五因子模型	2922.037	517	5.652	0.695	0.735	0.711	0.734	0.131
四因子模型	3068.143	521	5.889	0.680	0.719	0.696	0.718	0.134
三因子模型	3417.926	524	6.523	0.644	0.681	0.657	0.680	0.143

续表

模型	χ^2	df	χ^2/df	NFI	IFI	TLI	CFI	RMSEA
二因子模型	3650.659	526	6.940	0.619	0.655	0.631	0.654	0.148
单因子模型	4271.124	527	8.105	0.555	0.587	0.559	0.585	0.162

注：NSP 表示服务产品，NSD 表示服务传递，NSE 表示服务环境，HDM 表示享乐幸福动机，MHM 表示意义幸福动机，PCC 表示心理资本，WCA 表示再次消费意愿。七因子模型为 NSP、NSD、NSE、HDM、MHM、PCC、WCA；六因子模型为 NSP、NSD、NSE、HDM、MHM、PCC+WCA；五因子模型为 NSP、NSD、NSE、HDM+MHM、PCC+WCA；四因子模型为 NSP+NSD+NSE、HDM+MHM、PCC、WCA；三因子模型为 NSP+NSD+NSE、HDM+MHM、PCC+WCA；二因子模型为：NSP+NSD+NSE+HDM+MHM、PCC+WCA；单因子模型为 NSP+NSD+NSE+HDM+MHM+PCC+WCA。

4.3.5　假设检验

利用回归分析对主效应进行检验，结果如表 4-8 所示。由模型 2 可知，夜市服务产品（β=0.194，P<0.01）、夜市服务传递（β=0.352，P<0.001）和夜市服务环境（β=0.294，P<0.001）对享乐幸福动机均有显著正向影响；由模型 4 可知，夜市服务产品（β=0.147，P<0.05）、夜市服务传递（β=0.267，P<0.001）和夜市服务环境（β=0.159，P<0.05）对意义幸福动机均有显著正向影响。由此，假设 1 成立。由模型 6 和模型 8 可知，享乐幸福动机（β=0.465，P<0.001）和意义幸福动机（β=0.469，P<0.001）对再次消费意愿有显著正向影响。由此，假设 2 成立。

表 4-8　　　　　　　　　主效应及中介效应检验结果（N=272）

类别	享乐幸福动机		意义幸福动机		再次消费意愿				
	模型 1	模型 2	模型 3	模型 4	模型 5	模型 6	模型 7	模型 8	模型 9
性别	0.049	-0.044	0.024	-0.037	0.036	0.013	-0.052	0.024	-0.050
年龄	0.210**	-0.041	0.275***	0.103	0.232***	0.134**	-0.020	0.103*	-0.047
收入	0.218**	-0.014	0.249***	0.087	0.382***	0.281***	0.146**	0.266***	0.126**
职业	0.055	-0.034	0.120*	0.058	0.065	0.039	-0.019	0.009	-0.036
夜市服务产品		0.194**		0.147*			0.113*		0.106*
夜市服务传递		0.352***		0.267***			0.358***		0.347***

续表

类别	享乐幸福动机		意义幸福动机		再次消费意愿				
	模型 1	模型 2	模型 3	模型 4	模型 5	模型 6	模型 7	模型 8	模型 9
夜市服务环境		0.294***		0.159*			0.267***		0.271***
享乐幸福动机						0.465***	0.130*		
意义幸福动机								0.469***	0.214***
F	12.177***	34.123***	23.407***	26.012***	30.429***	52.355***	61.987***	48.256***	67.250***
R^2	0.154	0.475	0.260	0.408	0.313	0.496	0.653	0.476	0.672
$\triangle R^2$	0.142	0.461	0.249	0.392	0.303	0.487	0.643	0.466	0.662

注：*** 表示 $P<0.001$，** 表示 $P<0.01$，* 表示 $P<0.05$。

运用分步回归法对享乐幸福动机和意义幸福动机的中介作用进行检验。假设 1 和假设 2 的检验支持了中介作用存在的前两个条件。由模型 7 可知，当夜市服务产品、夜市服务传递、夜市服务环境和享乐幸福动机同时对再次消费意愿进行回归时，享乐幸福动机（$\beta=0.130$，$P<0.05$）对再次消费意愿有显著正向影响且系数值有明显下降（$0.130<0.465$），可见享乐幸福动机在夜市服务质量感知对再次消费意愿的影响中发挥部分中介作用。由模型 9 可知，当夜市服务产品、夜市服务传递、夜市服务环境和意义幸福动机同时对再次消费意愿进行回归时，意义幸福动机（$\beta=0.214$，$P<0.001$）对再次消费意愿有显著正向影响且系数值有明显下降（$0.214<0.469$），可见意义幸福动机在夜市服务质量感知对再次消费意愿的影响中发挥部分中介作用。由此，假设 3 成立。

采用分步回归分析法对心理资本的调节作用进行检验。在检验前先对各变量进行了中心化处理。以享乐幸福动机为因变量进行回归发现，夜市服务产品×心理指标（$\beta=-0.224$，$P<0.01$）、夜市服务传递×心理资本（$\beta=-0.364$，$P<0.001$）、夜市服务环境×心理资本（$\beta=-0.281$，$P<0.001$）均对享乐幸福动机有显著负向影响，可见心理资本分别负向调节夜市服务产品、夜市服务传递和夜市服务环境与享乐幸福动机的关系。以意义幸福动机为因变量进行回归发现，夜市服务产品×心理指标（$\beta=-0.131$，$P<0.05$）、夜市服务环境×心理资本（$\beta=-0.134$，$P<0.01$）均对意义幸福动机有显著负向影响，夜市服务传递×心理资本（$\beta=-0.150$，ns）的影响不显著，可见心理资本分别负向调节夜市服务产品和夜市服务环境与意义幸福动机的关系。由此，假设 4 部分成立。

表 4-9　　　　　　　　　　　　　　　调节效应检验结果　（N＝272）

因变量	交互作用项	回归系数	T 值	P 值	R^2	ΔR^2	ΔF
享乐幸福动机	夜市服务产品×心理资本	−0.224**	−3.511	0.001	0.402	0.395	12.326**
	夜市服务传递×心理资本	−0.364***	−4.980	0.000	0.457	0.451	24.802***
	夜市服务环境×心理资本	−0.281***	−4.171	0.000	0.426	0.420	17.396***
意义幸福动机	夜市服务产品×心理资本	−0.131*	−1.988	0.048	0.361	0.354	3.953*
	夜市服务传递×心理资本	−0.150	−1.930	0.055	0.382	0.375	3.726
	夜市服务环境×心理资本	−0.134**	−3.207	0.002	0.356	0.349	10.288**

注：＊＊＊表示 $P<0.001$，＊＊表示 $P<0.01$，＊表示 $P<0.05$。

4.4　服务质量感知影响的实证研究结果讨论

本章对所构建的服务质量感知对城市居民再次消费意愿影响的概念模型以及相关假设进行了实证分析和检验。根据实证研究结果对本章的假设支持情况进行汇总，具体检验结果如表 4-10 所示。

表 4-10　　　　　　　　　服务质量感知影响的假设检验结果汇总

假 设 内 容	结果
H1：夜市服务质量对幸福动机有显著正向影响	支持
H1a：夜市服务产品对幸福动机有显著正向影响	支持
H1b：夜市服务传递对幸福动机有显著正向影响	支持
H1c：夜市服务环境对幸福动机有显著正向影响	支持
H2：幸福动机对再次消费意愿有显著正向影响	支持
H2a：享乐幸福动机对再次消费意愿有显著正向影响	支持
H2b：意义幸福动机对再次消费意愿有显著正向影响	支持
H3：幸福动机在夜市服务质量和再次消费意愿间有显著中介作用	支持
H3a：享乐幸福动机在夜市服务产品和再次消费意愿间有显著中介作用	支持
H3b：享乐幸福动机在夜市服务传递和再次消费意愿间有显著中介作用	支持
H3c：享乐幸福动机在夜市服务环境和再次消费意愿间有显著中介作用	支持
H3d：意义幸福动机在夜市服务产品和再次消费意愿间有显著中介作用	支持
H3e：意义幸福动机在夜市服务传递和再次消费意愿间有显著中介作用	支持

假 设 内 容	结果
H3f：意义幸福动机在夜市服务环境和再次消费意愿间有显著中介作用	支持
H4：心理资本在夜市服务质量对幸福动机的影响中有负向调节作用	部分支持
H4a：心理资本在夜市服务产品对享乐幸福动机的影响中有负向调节作用	支持
H4b：心理资本在夜市服务传递对享乐幸福动机的影响中有负向调节作用	支持
H4c：心理资本在夜市服务环境对享乐幸福动机的影响中有负向调节作用	支持
H4d：心理资本在夜市服务产品对意义幸福动机的影响中有负向调节作用	支持
H4e：心理资本在夜市服务传递对意义幸福动机的影响中有负向调节作用	不支持
H4f：心理资本在夜市服务环境对意义幸福动机的影响中有负向调节作用	支持

由实证研究结果可以发现，夜市服务质量感知对城市居民幸福动机有显著正向影响；城市居民幸福动机对夜市再次消费意愿有显著正向影响；城市居民幸福动机在夜市服务质量感知与夜市再次消费意愿间发挥部分中介作用；心理资本负向调节夜市服务质量感知对城市居民幸福动机的影响，但对夜市服务传递与意义幸福动机关系的调节作用不显著。基于实证研究结果，本章提出如下研究结论：

一是夜市服务质量感知对城市居民幸福动机有显著正向影响。夜市服务产品、夜市服务传递和夜市服务环境分别对城市居民享乐幸福动机与意义幸福动机都有显著正向影响，且夜市服务传递对两者的影响系数均最大。可见，对于追求高品质生活的城市居民而言，日益趋同的夜市服务产品和夜市服务环境不能再简单地被视作启动幸福动机的服务质量引擎，对夜市服务传递的感知已成为城市居民幸福动机触发的重要夜市服务质量线索。夜市的热情好客、服务响应、"温暖"人际交往等服务传递构成了城市居民服务质量感知的关键内容。

二是城市居民幸福动机对夜市再次消费意愿有显著正向影响。城市居民享乐幸福动机和意义幸福动机均对夜市再次消费意愿有显著正向影响，且两者对夜市再次消费意愿的影响系数基本相同。夜市不仅提供了放松娱乐的场所，还提供了交流学习的平台，较均衡地满足了城市居民对夜市多元化的消费需求。品尝美食、休闲购物、文化场所参观、24 小时书店和话剧院线等能带来享乐与学习体验的夜市消费业态的进一步深度交融，会使夜市文旅商融合成为激发城市居民幸福动机和吸引他们再次前往消费的主要夜市亮点。

三是城市居民幸福动机在夜市服务质量感知与夜市再次消费意愿间发挥部分中介作用。夜市服务产品、夜市服务传递和夜市服务环境经过幸福动机对城市居民夜市再次消费意愿产生影响，说明三者对城市居民夜市再次消费意愿的影响中有一部分来自夜市服务质量启动的幸福动机刺激了城市居民的夜市再次消费意愿。丰富与高品质的夜市服务产品、接地气与热情的夜市服务传递、地域文化特色突出的夜市服务环境能让城市居民在体验高质量夜市服务的基础上不断满足其对美好幸福生活的需求，持续为前往夜市消费注入新的活力。

四是心理资本负向调节夜市服务质量感知对城市居民幸福动机的影响，但对夜市服务传递与意义幸福动机关系的调节作用不显著。心理资本的负向调节作用表明城市居民的心理资本越低，夜市服务质量感知对幸福动机的正向影响作用就越强。这验证了骆紫薇和陈斯允（2018）提出的"个体心理资本越低，越关注外界环境，也越容易被外界环境影响"的研究论断。① 心理资本对夜市服务传递与意义幸福动机关系的调节作用不显著可能是因夜市服务传递的热情好客与"温柔"互动相较于夜市服务产品和服务环境更能增强城市居民对夜市的情感与在夜市社会交往与自我提升的认同，进而弱化强心理资本城市居民的内倾性。

4.5　本章小结

本章以服务质量感知三要素模型为基础，探讨了夜市服务质量感知对城市居民再次消费意愿的影响机制，并考察了幸福动机的中介作用和心理资本的调节作用，构建了服务质量感知对城市居民再次消费意愿作用的概念模型。本章主要探讨了服务质量感知对幸福动机的直接作用、幸福动机对夜市再次消费意愿的直接作用、幸福动机在服务质量感知与夜市再次消费意愿之间的中介作用以及心理资本在服务质量感知对幸福动机作用中的调节作用。

基于所采集的 272 份有效样本数据，采用结构方程模型和多层回归分析方法进行实证分析发现：夜市服务质量感知对城市居民幸福动机有显著正向影响；城市居民幸福动机对夜市再次消费意愿有显著正向影响；城市居民幸福动机在夜市服务质量感知与夜市再次消费意愿间发挥部分中介作用；心理资本负向调节夜市服务质量感知对城市居民幸福动机的影响，但对夜市服务传递与意义幸福动机关系的调节作用不显著。

---

① 骆紫薇, 陈斯允. 社会支持对顾客补偿性消费的影响——感知权力与心理资本的作用 [J]. 软科学, 2018, 32（1）: 114-117.

第5章　基于计划行为理论的城市
居民夜市消费意愿研究

5.1　引言

城市居民夜市消费意愿除了会受到感知价值和服务质量感知的影响外，还会受到其他因素的影响。从内部因素看，城市居民夜市消费意愿既会受到自身夜市态度的影响，还会受到前往夜市消费容易程度等知觉行为控制的影响。从外部因素看，社会舆论和当地夜市消费文化等社会规范也会对城市居民夜市消费意愿产生约束。因此，需要更全面综合地把握内外部因素对城市居民夜市消费意愿的影响。已有学者围绕夜市消费的影响因素展开了研究。Hsieh 和 Chang（2006）研究发现游客在夜市购物的动机主要包括追求新奇、锻炼身体和体验当地文化习俗等。[1] Chang 和 Hsieh（2006）继续对居民夜市就餐的休闲动机分析发现，居民外出夜市就餐的休闲动机包括自我认同、消费、食物廉价与多样性、非正式氛围、放松、丰富的饮食体验与乐趣。[2] 宋亮（2012）通过实证分析指出夜市环境、消费者体验和夜市区位对消费者满意度及消费行为有显著影响。[3] Chuang 等（2014）研究发现我国台湾地区夜市的吸引力主要来自服务内容和当地特色美食的多样性、价格的经济实惠、庙会和优质服务等。[4] 这些相关研究主要是对影响夜市消费行为外部环境要素的探索和归纳，并没有将消费者夜市消费认知及心理行为反应等内在要素考虑在内，且缺少内外部要素共同影响夜市消费意愿形成的综合性分析。

---

[1] Hsieh A T , Chang J . Shopping and Tourist Night Markets in Taiwan ［J］. Tourism Management，2006，27（1）：138-145.

[2] Chang J , Hsieh A T . Leisure Motives of Eating Out in Night Markets ［J］. Journal of Business Research，2006，59（12）：1276-1278.

[3] 宋亮 . 夜市消费行为研究 ［J］. 科技经济市场，2012（7）：65-67.

[4] Chuang Y F , Hwang S N , Wong J Y , et al. The Attractiveness of Tourist Night Markets in Taiwan——A Supply-Side View ［J］. International Journal of Culture，Tourism and Hospitality Research，2014，8（3）：333-344.

基于此，本章拟以计划行为理论为研究的主体框架，在从主观意识层面确定城市居民夜市消费意愿形成影响因素的基础上，通过构建城市居民夜市消费意愿研究的概念模型，对这些因素影响城市居民夜市消费意愿形成的内在作用机理进行挖掘，以期相关研究结论能为夜市相关发展策略的制定和完善提供有益的参考。

5.2　主观规范、态度、知觉行为控制影响的研究假设

5.2.1　理论模型的构建

计划行为理论主要用于分析和解释个体行为的决策过程，认为个体行为意愿会受态度、主观规范和知觉行为控制的影响。其中，态度主要反映个体对行为结果正面或负面的评价；主观规范主要指个体在采取行为时感受到的社会压力；知觉行为控制则主要指个体对采取行为难易程度的感知。① 一般来说，个体的态度越积极，主观规范越高，知觉行为控制越强，个体的行为意愿会越强。对于夜市消费的城市居民而言，如果他们对夜市消费具有正面的态度，从身边亲戚、朋友、同事等社会群体处感知的夜市消费正面社会压力越大，且自己过往夜市消费效能感知越好或掌握的夜市消费机会与资源越多，其夜市消费意愿也会越强烈。生活方式被认为是个体成长过程中表现出的态度、兴趣和活动模式，且对个体态度和行为有重要影响。② 由于生活方式与夜市发展密切相关且夜市本身就代表了一种生活方式，那么结合计划行为理论的开放性原则，生活方式可被作为新变量加入计划行为理论以进一步提升计划行为理论的解释和预测能力。③ 本章将生活方式引入计划行为理论，通过构建扩展的计划行为理论模型对城市居民夜市消费意愿进行实证分析，以探索和揭示城市居民夜市消费意愿形成的内在机理。城市居民夜市消费意愿形成的概念模型如图5-1 所示。

5.2.2　主观规范、知觉行为控制和态度与消费意愿

主观规范、知觉行为控制和态度对行为意愿的促进作用已得到普遍认同。谢婷

---

① Ajzen I. The Theory of Planned Behavior [J]. Organizational Behavior & Human Decision Processes, 1991, 50（2）: 179-211.

② 陈信康，董晓舟. 生活方式、产品态度与产品购买行为的关系——基于六个城市样本数据的结构方程建模 [J]. 经济管理, 2014, 36（1）: 142-153.

③ 张凡，吕卉燊，沈小燕，等. 计划行为理论下外卖配送员闯红灯行为研究 [J]. 中国安全科学学报, 2019, 29（5）: 1-6.

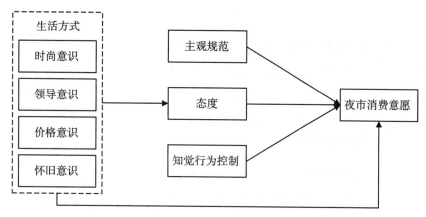

图 5-1　城市居民夜市消费意愿形成的概念模型

（2016）从计划行为理论视角研究了消费者选择入住绿色饭店的行为意愿，发现主观规范、知觉行为控制和态度 3 个因素均会显著影响顾客是否选择入住绿色饭店的行为意向。[①] 杨留花和诸大建（2018）对扩展计划行为理论框架下共享单车规范停放行为意向的影响因素进行了研究，发现用户主观规范、知觉行为控制和态度均能正向影响其行为意向。[②] 谢灯明等（2019）从计划行为理论视角对森林康养潜在游客的行为意向进行了研究，指出主观规范、知觉行为控制和态度 3 个因素均能显著正向影响潜在游客选择体验森林康养旅游的行为意向。[③] 对于夜市消费而言，虽然夜市存在着卫生条件差、噪声大、人流拥挤等问题，但由于夜市可以给城市居民提供品尝美食、随心购物和联络沟通的自由轻松消费环境，因此备受城市居民喜爱，成为他们忙碌一天后与家人、朋友、同事聚会联谊和宣泄情感的主要场所。[④] 当城市居民选择进行夜间消费时，其会感知到他人或其他群体特别是同行者对夜市消费特定偏好而形成的社会压力，而这种外在的社会压力感会促使城市居民形成到夜市消费的意愿。城市居民夜市消费的知觉行为控制主要源自对夜间通勤和自我满足感获得等方面难易程度的感知。夜间交通的便利性能提升夜市消费的时间弹性，而自我满足感的获得能增强夜市消费的吸引力，这些都能促进城市居民夜市消费意愿的形成。此

① 谢婷. 顾客选择入住绿色饭店的行为意向研究——从计划行为理论角度 ［J］. 旅游学刊, 2016, 31（6）：94-103.

② 杨留花, 诸大建. 扩展计划行为理论框架下共享单车规范停放行为意向的影响因素分析 ［J］. 中国人口·资源与环境, 2018, 28（4）：125-133.

③ 谢灯明, 何彪, 蔡江莹, 等. 森林康养潜在游客的行为意向研究——基于计划行为理论视角 ［J］. 林业经济, 2019, 41（3）：33-39+71.

④ 刘婧婷, 于丽曼. 徐州夜市发展中存在的问题与对策——基于台湾夜市文化研究 ［J］. 价值工程, 2017, 36（23）：249-250.

外，城市居民对夜市消费的态度越积极，其夜市消费意愿通常也会越高。基于此，提出如下假设：

H1：主观规范对城市居民夜市消费意愿有显著正向影响；

H2：知觉行为控制对城市居民夜市消费意愿有显著正向影响；

H3：夜市消费态度对城市居民夜市消费意愿有显著正向影响。

5.2.3　生活方式与消费意愿

生活方式已被证实是消费行为产生的重要支配性因素。① 潘煜等（2009）对生活方式的内容探索指出，生活方式包括时尚品位、中庸内敛、完美主义、积极进取和崇尚自由五个维度，并通过实证分析发现时尚品位、中庸内敛和完美主义对消费者购买行为有显著影响，但积极进取和崇尚自由的影响不显著。② 陈文沛（2011）对生活方式与消费者新产品购买行为间的关系研究发现，生活方式包括时尚意识、领导意识、价格意识和怀旧意识四个主要维度，并通过实证分析发现生活方式对消费者新产品购买行为有显著正向影响。③ 高键和魏胜（2018）对生活方式绿色化形成的内在作用机制进行了研究，发现生活方式维度中的时尚意识、领导意识、价格意识和发展意识均对绿色消费意向具有显著的正向影响。④ 虽然学者们对生活方式构成要素的认识还不统一，但陈文沛（2011）通过对国内外相关文献归纳总结提炼出的生活方式四大维度——时尚意识、领导意识、价格意识和怀旧意识，已得到了广泛的认同和借鉴。⑤ 本章亦采用这四个维度挖掘生活方式对城市居民夜市消费意愿的影响。时尚意识代表了个体对时尚的观念和态度。夜市虽然能给城市居民"接地气"的踏实感，但逛夜市早已成为一种时尚，这里不仅有特色美食，还有当地民俗商品或特有景观，已然成为时尚的"打卡"地。领导意识代表了个体独立决策和影响他人决策的能力。从夜市获得独特体验后，城市居民通常会积极向他人推荐，这不仅能促进夜市树立口碑，还能帮助其获得他人的认可与赞赏和提升自身的社会地位与影响力。价格意

---

① 高键，魏胜．基于计划行为理论的生活方式绿色化形成的双重交互效应研究［J］．经济与管理评论，2018（2）：51-61.

② 潘煜，高丽，王方华．生活方式、顾客感知价值对中国消费者购买行为影响［J］．系统管理学报，2009，18（6）：601-607.

③ 陈文沛．生活方式、消费者创新性与新产品购买行为的关系［J］．经济管理，2011，33（2）：103-110.

④ 高键，魏胜．基于计划行为理论的生活方式绿色化形成的双重交互效应研究［J］．经济与管理评论，2018（2）：51-61.

⑤ 陈文沛．生活方式、消费者创新性与新产品购买行为的关系［J］．经济管理，2011，33（2）：103-110.

识代表了个体对价格的敏感程度。价格低廉和可讨价还价是夜市商品或服务的突出特性，价格意识强的城市居民通常会更愿意在夜市消费。① 怀旧意识代表了个体对传统事务的态度与看法。为帮助城市居民追忆过去的"老味道"和挖掘城市本身的传统文化资源，实现城市居民与夜市之间的情感联结，很多夜市就是在对老街区改造或复制的基础上建立的。② 基于此，提出如下假设：

H4：生活方式对城市居民夜市消费意愿有显著正向影响。

H4a：时尚意识对城市居民夜市消费意愿有显著正向影响；

H4b：领导意识对城市居民夜市消费意愿有显著正向影响；

H4c：价格意识对城市居民夜市消费意愿有显著正向影响；

H4d：怀旧意识对城市居民夜市消费意愿有显著正向影响。

5.2.4 消费态度的中介作用

夜市消费态度体现了城市居民进行夜市消费前的心理倾向性和积极程度。生活方式对个体态度的影响也已得到了证实。③ 根据前文提出的关于态度对夜市消费意愿有显著正向影响和生活方式对夜市消费意愿有显著正向影响的假设可以发现，夜市消费态度已在生活方式与夜市消费意愿的关系间具备了中介变量的检验条件。已有学者对消费态度的中介作用进行了研究。陈信康和董晓舟（2014）基于我国六个城市的样本数据对生活方式、产品态度和产品购买行为间的关系进行实证研究发现，产品态度在生活方式与产品购买行为的关系中发挥中介效应。④ 陈传青等（2014）对绿色生活方式、绿色产品态度和购买意向间的关系研究发现，绿色生活方式对消费者对绿色产品态度有显著影响，消费者绿色产品态度对绿色产品购买意向有显著影响，绿色产品态度在绿色生活方式和绿色产品购买意向之间发挥中介作用。⑤ 夜市消费不仅能为城市居民提供新颖特别的美食与小商品，还能为他们提供评价与推荐的线索和依据，而价格低廉与文化传承则能帮城市居民轻松自由地找回

---

① 赵建彬，景奉杰，陶建蓉. 金钱概念对冲动购买意愿的影响机制研究 [J]. 东华理工大学学报（社会科学版），2016，35（1）：36-43.

② 李崧，徐维群. 文化符号视阈下客家非物质文化遗产的传承和利用——以闽西客家为例 [J]. 东华理工大学学报（社会科学版），2015，34（2）：127-131.

③ Bowman S A. Food Shoppers' Nutrition Attitudes and Relationship to Dietary and Lifestyle Practices [J]. Nutrition Research，2005，25（3）：281-293.

④ 陈信康，董晓舟. 生活方式、产品态度与产品购买行为的关系——基于六个城市样本数据的结构方程建模 [J]. 经济管理，2014，36（1）：142-153.

⑤ 陈转青，高维和，谢佩洪. 绿色生活方式、绿色产品态度和购买意向关系——基于两类绿色产品市场细分实证研究 [J]. 经济管理，2014，36（11）：166-177.

"丢失"的记忆。可见，夜市消费能适应城市居民生活方式的变化，而生活方式也能促进城市居民夜市消费偏好与态度的形成，进而增强他们的夜市消费意愿。基于此，提出如下假设：

H5：夜市消费态度在生活方式与城市居民夜市消费意愿关系中有显著的中介作用。

H5a：夜市消费态度在时尚意识与城市居民夜市消费意愿关系中有显著的中介作用；

H5b：夜市消费态度在领导意识与城市居民夜市消费意愿关系中有显著的中介作用；

H5c：夜市消费态度在价格意识与城市居民夜市消费意愿关系中有显著的中介作用；

H5d：夜市消费态度在怀旧意识与城市居民夜市消费意愿关系中有显著的中介作用。

5.3　主观规范、态度、知觉行为控制影响的研究设计与数据分析

5.3.1　变量测量

为了便于对计划行为理论下城市居民夜市消费意愿形成的概念模型进行检验，并对所提出的相关假设进行验证，需要对概念模型所涉及的变量进行量化和测量。本章所涉及的时尚意识、领导意识、价格意识、怀旧意识、主观规范、知觉行为控制、态度和夜市消费意愿等变量的测量量表均借鉴自国内外已有成熟量表，并在充分考虑夜市消费特点的基础上结合管理学相关学者的意见修改完善而成。此外，为了提升量表的可读性和信效度，两位经管专业博士参与了对国外量表的双向翻译和润色。

生活方式是指城市居民在生活中表现出的态度、兴趣和活动模式。在充分借鉴国内外学者关于生活方式的研究成果基础上，对生活方式所包括的时尚意识、领导意识、价格意识和怀旧意识四个维度的测量量表进行设计，时尚意识、领导意识、价格意识和怀旧意识的测量量表主要借鉴 Holbrook（1993）和陈文沛（2011）的研究成果，[①] 其中时尚意识包括 5 个测量题项，如"我经常与我的朋友谈论有关新的产品或者品牌的话题"等；领导意识包括 3 个测量题项，如"我认为我有相当强的个人能力"等；价格意识包括 5 个测量题项，如"我经常关注商品降价广告"等；怀旧意识包括 4 个测量题项，如"我经常想起过去和家人在一起的幸福时光"等。生活方式的测量量表如表 5-1 所示。

---

① 陈文沛. 生活方式、消费者创新性与新产品购买行为的关系［J］. 经济管理，2011，33（2）：103-110.

Holbrook M B . Nostalgia and Consumption Preferences：Some Emerging Patterns of Consumer Tastes［J］. Journal of Consumer Research，1993，20（2）：245-256.

表 5-1 生活方式的测量量表

变量	测量题项	题项来源
时尚意识	我总是拥有一套或几套最新款式的衣服	Holbrook（1993）、陈文沛（2011）
	要我在穿着时髦与舒服之间选择，我会选择时髦	
	只要有新的发型，我就经常去尝试	
	我总是比我的朋友和邻居提前光顾新开业的商场	
	我经常与我的朋友谈论有关新的产品或者品牌的话题	
领导意识	我认为，我比大多数人更有自信	
	我比大多数人更独立自主	
	我认为，我有相当强的个人能力	
价格意识	"便宜无好货"这句话并不总是对的	
	购物时，我专买特价商品	
	即便是在便利店买小件东西，我也要仔细询问、核对价格	
	我经常关注商品降价广告	
	购物时四处砍价可节省不少钱	
怀旧意识	现在人们的生活节奏太快了	
	我经常想起过去和家人在一起的幸福时光	
	我至今仍然喜欢看以前的电视剧/电影或听些老歌	
	我想让自己和过去一样	

主观规范是指城市居民前往或在夜市消费时感受到的社会压力。知觉行为控制是指城市居民前往或在夜市消费时感受到的难易程度。态度是指城市居民对夜市消费体验的正面或负面评价。在充分借鉴国内外学者关于生活方式的研究成果基础上，对主观规范、知觉行为控制和态度的测量量表进行设计，主观规范、知觉行为控制和态度的测量量表主要借鉴 Kim 和 Han（2010）以及鲍抄抄和王维红（2018）的研究成果，① 其中主观规范的包括 3 个测量题项，如 "我身边的亲戚朋友支持我去夜市消费" 等；知觉行为控制包括 4 个测量题项，如 "对我来说夜市的具体位置很容易就能找到" 等；态度包括 3 个测量题项，如 "我很享受夜市消费的过程" 等。主观规范、知觉行为控制和态度的测量量表如表 5-2 所示。

---

① Kim Y，Han H．Intention to Pay Conventional-Hotel Prices at A Green Hotel—A Modification of the Theory of Planned Behavior［J］．Journal of Sustainable Tourism，2010，18（8）：997-1014.

鲍抄抄，王维红．基于计划行为理论的汽车共享消费意向影响因素研究［J］．东华大学学报（社会科学版），2018，18（4）：285-293.

表 5-2　　　　　　　　　**主观规范、知觉行为控制和态度的测量量表**

变量	测 量 题 项	题项来源
主观规范	我身边的亲戚朋友支持我去夜市消费	Kim 和 Han（2010）、鲍抄抄和王维红（2018）
主观规范	周边人的夜市消费行为会影响我去夜市消费	Kim 和 Han（2010）、鲍抄抄和王维红（2018）
主观规范	同亲戚朋友晚上一起聚餐或逛街时，他们会建议去夜市消费	Kim 和 Han（2010）、鲍抄抄和王维红（2018）
知觉行为控制	对我来说，夜市的具体位置很容易就能找到	Kim 和 Han（2010）、鲍抄抄和王维红（2018）
知觉行为控制	对我来说，前往夜市的交通很便利	Kim 和 Han（2010）、鲍抄抄和王维红（2018）
知觉行为控制	对我来说，离开夜市的交通很便利	Kim 和 Han（2010）、鲍抄抄和王维红（2018）
知觉行为控制	对我来说，夜市消费能让我释放压力和放松身心	Kim 和 Han（2010）、鲍抄抄和王维红（2018）
态度	我认为，夜市消费是有趣愉快的	Kim 和 Han（2010）、鲍抄抄和王维红（2018）
态度	我很享受夜市消费的过程	Kim 和 Han（2010）、鲍抄抄和王维红（2018）
态度	相较于其他消费场所，晚上我更愿意前往夜市消费	Kim 和 Han（2010）、鲍抄抄和王维红（2018）

夜市消费意愿是指城市居民在夜市购买商品或接受服务的主观概率或可能性，以及将来持续消费的意愿与行为反应。在充分借鉴国内外学者关于夜市消费意愿的研究成果基础上，对夜市消费意愿的测量量表进行设计。夜市消费意愿的测量量表主要借鉴自 Zeithaml 等（1996）的研究成果①，包括 3 个测量题项，如"我愿意推荐我的亲戚朋友来夜市消费"等。夜市消费意愿的测量量表如表 5-3 所示。

表 5-3　　　　　　　　　**夜市消费意愿的测量量表**

变量	测 量 题 项	题项来源
夜市消费意愿	我愿意到夜市进行更多的消费	Zeithaml 等（1996）
夜市消费意愿	我愿意推荐我的亲戚朋友来夜市消费	Zeithaml 等（1996）
夜市消费意愿	即使今后有其他选择，我夜间还是会优先到夜市消费	Zeithaml 等（1996）

5.3.2　样本与数据收集

根据本章所构建的概念模型和提出的相关假设，调查问卷主要对时尚意识、领导意识、价格意识、怀旧意识、主观规范、知觉行为控制、态度和夜市消费意愿等八个变量的测量题项进行测量。调查问卷主要包括三个方面的内容。首先是对问卷的简介和对夜市消费基本情

---

① Zeithaml V A, Berry L L, Parasuraman A. The Behavioral Consequences of Service Quality［J］. Journal of Marketing, 1996, 60（2）：31-46.

况的调查，选取了全国各地知名夜市并列出对应名称，要求被调查对象选出自己有消费经历且熟悉的夜市或给出自己经常消费的夜市作为后面调查题项填写的参照对象，以加深被调查对象对夜市的认识和便于被调查对象了解本次调查的目的和意义。其次是要求被调查对象根据所选参照夜市，完成对七个变量测量题项的调查，共包括 30 个调查题项，采用李克特 7 点量表法对问卷中各变量的测量题项进行调查，要求被调查对象根据自己对调查题项的认识和理解，从 1 到 7 中进行选择，其中 1 代表"非常不同意"，2 代表"不同意"，3 代表"有点不同意"，4 代表"不确定"，5 代表"有点同意"，6 代表"同意"，7 代表"非常同意"。最后是对被调查对象性别、年龄、收入等人口统计变量的调查。由前文可知，学历和职业对城市居民消费意愿的影响不显著，因此仅考虑被调查对象的性别、年龄、收入等可能会对城市居民夜市消费意愿造成影响的人口统计变量，并将这些变量在实证分析中作为控制变量。

采用问卷星线上调查平台进行问卷的发放和收集，主要采用滚雪球的方式邀请居住在城市的亲戚、朋友、同学等参与调查。为了保证数据的可靠性和真实性，在问卷发放前还对调查对象的 IP 地址和答题次数进行了限制。共收到问卷 425 份，在剔除无效问卷后，有效问卷 370 份，问卷有效率为 87.06%。其中，女性为 253 人，占 68.38%，男性为 117 人，占 31.62%；18 岁以下为 12 人，占 3.24%，18~30 岁为 283 人，占 76.49%，31~40 岁为 15 人，占 4.05%，40 岁以上为 60 人，占 16.22%；月收入 1000 元以下为 128 人，占 34.59%，1000~2999 元为 120 人，占 32.43%，3000~4999 元为 62 人，占 16.76%，5000 元以上为 60 人，占 16.22%。可见，被调查对象中年轻城市居民居多，符合年轻人作为夜市核心消费群体的一般特征，同样表明被调查对象对夜市具有更高的认知度，能更容易和高效地完成问卷的调查题项，保证了所收集数据的可靠性和有效性。有效样本的人口统计变量统计信息如表 5-4 所示。

表 5-4　　　　　有效样本人口统计变量统计情况（N=370）

统计内容	内容分类	人数（人）	百分比（%）
性别	男	117	31.62
	女	253	68.38
年龄	18 岁以下	12	3.24
	18~30 岁	283	76.49
	31~40 岁	15	4.05
	40 岁以上	60	16.22

续表

统计内容	内容分类	人数（人）	百分比（%）
月收入水平	1000 元以下	128	34. 59
	1000~2999 元	120	32. 43
	3000~4999 元	62	16. 76
	5000 元以上	60	16. 22

5.3.3　共同方法偏差检验

共同方法偏差主要指由相同调查环境、调查题项测量语境或同样数据来源等造成相关变量间出现虚假相关性，进而干扰和误导研究结论的系统误差。本研究采用 Harman 单因子法对共同方法偏差进行检验。通过对数据进行未旋转因子分析发现，第一个因子的方差解释量为 24. 314%，小于 50%，没有出现单一因子解释绝大部分变异的情况，表明本研究的共同方法偏差在可接受的范围内，共同方法偏差较低。

5.3.4　信度与效度检验

进行信度和效度检验前，先对各变量测量题项的因子载荷进行计算，时尚意识和价格意识第 1 题以及怀旧意识和知觉行为控制第 4 题的因子载荷小于 0.5 被剔除，其余测量题项被保留。采用 Cronbach's α 系数对测量量表的信度进行检验，结果如表 5-5 所示。各变量的 Cronbach's α 系数均大于 0.7，表明测量量表具有较好的信度。通过对量表的 KMO 值和 Bartlett 球形值进行分析发现，各变量的 KMO 值均大于 0.6，Bartlett 球形值均大于232.045 且显著，说明量表适合进行因子分析。对因子分析所得各测量题项因子载荷计算可得对应变量的 AVE 值和 CR 值。由表 5-5 可知，各变量的 AVE 值均大于 0.4，且 CR 值均大于 0.8，表明测量量表具有较好的收敛效度。

表 5-5　　　　　　　　信度和收敛效度分析结果（N = 370）

变量	因子载荷范围	Cronbach's α	KMO 值	Bartlett 球形值	AVE 值	CR 值
时尚意识	0. 540~0. 824	0. 816	0. 771	534. 617[***]	0. 5388	0. 8204
领导意识	0. 679~0. 874	0. 806	0. 693	372. 575[***]	0. 5908	0. 8107
价格意识	0. 623~0. 697	0. 759	0. 753	343. 997[***]	0. 4426	0. 7603
怀旧意识	0. 577~0. 808	0. 724	0. 662	233. 039[***]	0. 4814	0. 7321

续表

变量	因子载荷范围	Cronbach's α	KMO 值	Bartlett 球形值	AVE 值	CR 值
主观规范	0.624~0.756	0.731	0.678	232.045***	0.4790	0.7327
知觉行为控制	0.712~0.905	0.876	0.708	630.364***	0.7144	0.8812
夜市消费态度	0.656~0.904	0.835	0.689	475.106***	0.6449	0.8427
夜市消费意愿	0.845~0.878	0.892	0.749	642.782***	0.7347	0.8925

注：*** 表示 $P<0.001$，** 表示 $P<0.01$，* 表示 $P<0.05$。

对变量间的相关性进行分析，结果如表 5-6 所示。时尚意识（$\beta=0.181$，$P<0.001$）、领导意识（$\beta=0.209$，$P<0.001$）、价格意识（$\beta=0.130$，$P<0.05$）和怀旧意识（$\beta=0.224$，$P<0.001$）均与夜市消费态度呈显著正相关关系；时尚意识（$\beta=0.288$，$P<0.001$）、领导意识（$\beta=0.206$，$P<0.001$）、价格意识（$\beta=0.190$，$P<0.001$）和怀旧意识（$\beta=0.126$，$P<0.05$）也均与夜市消费意愿呈显著正相关关系；主观规范（$\beta=0.528$，$P<0.001$）、知觉行为控制（$\beta=0.326$，$P<0.001$）和夜市消费态度（$\beta=0.757$，$P<0.001$）均与夜市消费意愿呈显著正相关关系。变量间相关性分析结果能对研究假设提供初步支持。此外，各变量 AVE 值的平方根均大于该变量与其他变量间的相关系数，说明测量量表有较好的区别效度。

表 5-6 　　　　　　　相关系数与区别效度分析结果（N＝370）

变量	1	2	3	4	5	6	7	8
1. 时尚意识	0.734							
2. 领导意识	0.220***	0.769						
3. 价格意识	0.244***	0.101	0.665					
4. 怀旧意识	−0.030	0.283***	0.123*	0.694				
5. 主观规范	0.273***	0.133*	0.275***	0.105*	0.692			
6. 知觉行为控制	0.057	0.222***	0.109*	0.260***	0.366***	0.845		
7. 夜市消费态度	0.181***	0.209***	0.130*	0.224***	0.517***	0.431***	0.803	
8. 夜市消费意愿	0.288***	0.206***	0.190***	0.126*	0.528***	0.326***	0.757***	0.857

注：*** 表示 $P<0.001$，** 表示 $P<0.01$，* 表示 $P<0.05$。对角线上的数值为 AVE 值的平方根。

5.3.5　假设检验

首先通过结构方程模型对模型进行检验。根据检验结果发现，价格意识（$\beta = 0.066$，$P = 0.290$）对夜市消费态度的影响，领导意识（$\beta = -0.005$，$P = 0.902$）、价格意识（$\beta = 0.012$，$P = 0.782$）和怀旧意识（$\beta = -0.062$，$P = 0.179$）对夜市消费意愿的影响以及知觉行为控制（$\beta = -0.024$，$P = 0.543$）对夜市消费意愿的影响均不显著。在剔除不显著的影响路径后得到修正后主效应模型的拟合指标，如表 5-7 所示。$CMIN/DF = 3.900$、$RMSEA = 0.089$、$GFI = 0.858$、$CFI = 0.870$、$NFI = 0.833$、$RFI = 0.805$、$IFI = 0.871$，各拟合指标基本达到相应检验标准，表明修正后主效应模型的拟合度较好，能够有效解释变量间的作用关系。时尚意识（$\beta = 0.164$，$P<0.01$）、领导意识（$\beta = 0.178$，$P<0.01$）和环境意识（$\beta = 0.231$，$P<0.001$）均对夜市消费态度有显著正向影响；时尚意识（$\beta = 0.154$，$P<0.001$）、主观规范（$\beta = 0.239$，$P<0.001$）和夜市消费态度（$\beta = 0.776$，$P<0.001$）对夜市消费意愿有显著正向影响。可见，假设 H1、H3 和 H4a 得到支持。

表 5-7　　　　　　　　　　　主效应检验结果　（N=370）

路径	标准化路径系数	C. R.	P 值	拟合指标
时尚意识→夜市消费态度	0.164	2.733	0.006	$CMIN/DF = 3.900$
领导意识→夜市消费态度	0.178	3.017	0.003	$RMSEA = 0.089$
怀旧意识→夜市消费态度	0.231	3.577	0.000	$GFI = 0.858$
时尚意识→夜市消费意愿	0.154	3.597	0.000	$CFI = 0.870$
主观规范→夜市消费意愿	0.239	5.028	0.000	$NFI = 0.833$ $RFI = 0.805$
夜市消费态度→夜市消费意愿	0.776	14.364	0.000	$IFI = 0.871$

接着采用三步法对夜市消费态度的中介作用进行检验，检验结果如表 5-8 所示。由于通过结构方程检验发现，仅时尚意识同时对夜市消费态度和夜市消费意愿有显著正向影响，因此中介效应仅针对时尚意识通过夜市消费态度影响夜市消费意愿的作用路径进行检验。由模型 2 可知，时尚意识（$\beta = 0.173$，$P<0.01$）对夜市消费态度有显著正向影响。由模型 4 可知，时尚意识（$\beta = 0.283$，$P<0.001$）对夜市消费意愿有显著正向影响。由模型 6 可知，夜市消费态度（$\beta = 0.729$，$P<0.001$）对夜市消费意愿有显著正向影响，时尚意识（$\beta = 0.157$，$P<0.001$）仍对夜市消费意愿有显著正向影响且回归系数出现了下降（0.157<0.283），说明夜市消费态度在时尚意识对夜市消费意愿的影响中发挥部分中介作用，假设 H5a 得到支持。

表 5-8   中介作用回归分析结果 （N=370）

研究变量	夜市消费态度		夜市消费意愿			
	模型 1	模型 2	模型 3	模型 4	模型 5	模型 6
性别	0.056	0.055	0.013	0.011	−0.029	−0.029
年龄	−0.178**	−0.163*	−0.153*	−0.128*	−0.018	−0.009
月收入	0.115	0.097	0.075	0.045	−0.012	−0.026
时尚意识		0.173**		0.283***		0.157***
夜市消费态度				0.757***		0.729***
R^2	0.022	0.051	0.015	0.094	0.574	0.598
调整 R^2	0.014	0.041	0.006	0.084	0.570	0.593
F	2.696*	4.938**	1.802	9.475***	123.200***	108.379***
VIF 最大值	1.710	1.722	1.710	1.722	1.732	1.736

注： *** 表示 P<0.001， ** 表示 P<0.01， * 表示 P<0.05。

5.4 主观规范、态度、知觉行为控制影响的实证研究结果讨论

本章对所构建的基于计划行为理论的城市居民夜市消费意愿的概念模型以及相关假设进行了实证分析和检验，根据实证研究结果对本章的假设支持情况进行汇总，具体检验结果如表 5-9 所示。

表 5-9   假设检验结果汇总

假 设 内 容	结果
H1：主观规范对城市居民夜市消费意愿有显著正向影响	支持
H2：知觉行为控制对城市居民夜市消费意愿有显著正向影响	不支持
H3：夜市消费态度对城市居民夜市消费意愿有显著正向影响	支持
H4：生活方式对城市居民夜市消费意愿有显著正向影响	部分支持
H4a：时尚意识对城市居民夜市消费意愿有显著正向影响	支持
H4b：领导意识对城市居民夜市消费意愿有显著正向影响	不支持
H4c：价格意识对城市居民夜市消费意愿有显著正向影响	不支持
H4d：怀旧意识对城市居民夜市消费意愿有显著正向影响	不支持
H5：夜市消费态度在生活方式与城市居民夜市消费意愿关系中有显著的中介作用	部分支持

假 设 内 容	结果
H5a：夜市消费态度在时尚意识与城市居民夜市消费意愿关系中有显著的中介作用	支持
H5b：夜市消费态度在领导意识与城市居民夜市消费意愿关系中有显著的中介作用	不支持
H5c：夜市消费态度在价格意识与城市居民夜市消费意愿关系中有显著的中介作用	不支持
H5d：夜市消费态度在怀旧意识与城市居民夜市消费意愿关系中有显著的中介作用	不支持

由实证研究结果可以发现，主观规范对夜市消费意愿有显著正向影响；时尚意识、领导意识和怀旧意识对夜市消费态度有显著正向影响；夜市消费态度仅在时尚意识对夜市消费意愿的影响中发挥中介作用，其他假设不显著。基于实证研究结果，本章提出如下研究结论：

一是主观规范对夜市消费意愿有显著正向影响，但知觉行为控制的影响不显著。夜市消费能满足城市居民同亲人、朋友、同事一起去夜市聚会休闲放松和去热点夜市"打卡"体验的消费需求。前者夜市消费意愿的形成是因受到同行亲人、朋友、同事建议的影响；后者夜市消费意愿的形成则是源自各类社交媒体信息的影响和压力以及出于城市居民的从众和模仿心理。两者共同构成了城市居民夜市消费意愿形成的主观规范。虽然夜间交通便利性、夜市拥挤性、食品安全性等可能会增加城市居民夜市消费的难度，但在各地整治夜市周边交通和规范夜市经营行为后，这些已不再是阻碍城市居民夜市消费意愿形成的主要问题。

二是时尚意识、领导意识和怀旧意识对夜市消费态度有显著正向影响，价格意识的影响不显著。网络经济的发展让城市居民可以便捷地通过网络平台和网络社群把握消费流行趋势和时尚发展方向，发表自己的看法和消费心得。由于夜市汇集了各种特色小吃和各式民俗产品，也迅速成为人们线上评价、讨论和推荐以及线下"打卡""种草"的对象。时尚意识、领导意识和怀旧意识高的城市居民会为了把握流行趋势，获得他人对自己夜市消费评价和推荐的认可与赞同，以及对过往"老味道"的回味与追求，表现出对夜市消费更积极的态度。由于夜市消费品价格已相对低廉且价格趋于一致性，这可能是导致城市居民价格意识与夜市消费态度形成间不存在相关性的原因。

三是夜市消费态度仅在时尚意识对夜市消费意愿的影响中发挥中介作用。虽然时尚意识、领导意识和怀旧意识对夜市消费态度有显著正向影响，但仅时尚意识同时对夜市消费意愿有显著正向影响，这表明在现代生活方式下城市居民夜市消费态度和行为间存在一定差距。时尚意识可通过夜市消费态度对夜市消费意愿产生影响则说明，时尚意识高的城市居民对夜市消费有更积极的态度并有更高的消费意愿。这部分城市居民确信夜市消费属于一种时尚，相信通过夜市消费能够体现自己的时尚追求。这使得他们增强了对夜市消费的兴趣和偏好，并表现出积极的夜市消费意愿。

5.5 本章小结

本章将生活方式引入计划行为理论，通过构建城市居民夜市消费意向的扩展计划行为理论模型，对生活方向、主观规范、知觉行为控制和夜市消费态度与夜市消费意向的关系进行了实证研究。本章主要探讨了主观规范、知觉行为控制和态度对城市居民夜市消费意愿的直接作用、生活方式对城市居民夜市消费意愿的直接作用、消费态度在生活方式与城市居民夜市消费意愿之间的中介作用。

基于采集的 370 份有效样本数据，采用结构方程模型和多层回归分析方法进行实证分析发现：主观规范和夜市消费态度对夜市消费意向有显著正向影响，知觉行为控制的影响不显著；生活方式中时尚意识、领导意识和怀旧意识对夜市消费态度有显著正向影响，价格意识的影响不显著；生活方式中仅时尚意识能通过夜市消费态度对夜市消费行为产生中介作用。

第6章 夜市周边居民支持行为研究

6.1 引言

前文从感知价值、服务质量感知和计划行为理论等角度对城市居民夜市消费行为的形成机理进行了深入研究，但夜市的繁荣发展不仅需要城市居民的积极参与，还需要夜市周边居民的支持。夜市的噪音、光污染、卫生等问题会直接影响周边居民的生活质量和对夜市开发与发展的支持程度，打造夜市与周边居民间和谐共生的邻里关系对夜市发展至关重要。目前关于夜市情境下周边居民支持行为的研究还较少，周边居民支持行为相关研究主要集中在旅游学领域。张文和何桂陪（2008）研究指出旅游地周边居民虽已感知到旅游开发对居住环境有消极影响，但总体还是对旅游发展持支持态度，并将旅游地居民分为具有大局观的积极支持者、矛盾的理性支持者和关注自我的积极支持者三类。① 王忠福和张利（2010）对影响旅游地居民旅游发展支持态度与行为的影响因素进行了归纳，认为主要包括居民人口统计学特征、居民旅游相关度、经济感知、环境感知和居民参与旅游决策和对旅游业的控制等方面。② 李秋成等（2015）研究了社区人际关系和人地关系对居民旅游支持度的影响，发现良好的社区人际关系和人地关系能够显著提升居民对旅游产业的支持度。③ 郭安禧等（2020）对居民旅游影响感知与支持旅游开发间的关系进行了研究，指出居民对旅游影响的积极与消极感知并非其支持旅游开发的最近端影响因素，社区满意和社区认同在旅游感知和支持旅游开发间发挥中介作用。④ 粟路军和唐彬礼（2020）对旅游地

---

① 张文，何桂培．我国旅游目的地居民对旅游影响感知的实证调查与分析［J］．旅游学刊，2008，23（2）：72-29.

② 王忠福，张利．旅游地居民旅游影响感知及影响因素研究综述［J］．经济地理，2010，30（9）：1563-1568+1579.

③ 李秋成，周玲强，范莉娜．社区人际关系、人地关系对居民旅游支持度的影响——基于两个民族旅游村寨样本的实证研究［J］．商业经济与管理，2015（3）：75-84.

④ 郭安禧，王松茂，李海军，等．居民旅游影响感知对支持旅游开发影响机制研究——社区满意和社区认同的中介作用［J］．旅游学刊，2020，35（6）：96-108.

居民生活质量进行了研究，指出旅游地居民生活质量体现了旅游地居民对生活及生活环境的满意感和接受度，能促使旅游地居民支持旅游地未来的发展。① 从旅游地周边居民支持行为的相关研究可以发现，学者们对旅游地周边居民支持行为的研究主要基于周边居民感知或旅游地环境刺激的单一视角，而旅游地周边居民支持行为的形成离不开旅游地环境的持续优化与周边居民的深入参与，且只有当两者间形成良性互动关系并实现合作共赢时才能更好地创造旅游地价值，进而刺激旅游地周边居民支持行为的产生。参与价值共创理论为周边居民支持行为研究提供了新的理论视角。结合旅游地周边居民支持行为的研究现状，引入参与价值共创理论，对夜市周边居民支持行为形成的内在机理进行探究。本章拟就以下几方面的内容展开研究：第一，夜市周边居民参与价值共创的维度结构有哪些；第二，周边居民参与价值共创的不同维度对夜市支持行为影响有何差异；第三，周边居民参与价值共创影响夜市支持行为的内在机理如何。

本章以夜市周边居民为研究对象，通过构建周边居民参与价值共创影响夜市支持行为的概念模型，探寻周边居民参与价值共创与夜市支持行为间的关系；以关系质量为中介变量探索两者间的作用机理；以环境关心为调节变量挖掘周边居民参与价值共创对关系质量作用的边界条件。研究结论将有助于周边居民更好地与夜市和谐共处，同时也能为夜市长久发展战略的制定提供参考。

6.2 周边居民参与价值共创对夜市支持行为影响的研究假设

6.2.1 周边居民参与价值共创与关系质量

夜市周边居民参与价值共创是指夜市周边居民为了实现自己与夜市的价值共赢，围绕夜市治理、摊点布置、消费安排等方面进行的可持续性、社会化和高度动态的互动。虽然参与价值共创存在不同维度的划分方式，但依据前文对参与价值共创理论的归纳总结，本章主要借鉴 Zwass（2010）的参与价值共创维度划分方式，将周边居民参与夜市价值共创分为发起的和自发的夜市价值共创两类，用于探究周边居民参与夜市价值共创对夜市支持行为的影响。② 其中夜市周边居民参与发起的价值共创是指周边居民参与夜市发起的新项目或新主题开发活动等方面的互动交流，如参与新项目或新主题的设计、规划或推广等活

---

① 粟路军，唐彬礼. 旅游地居民生活质量：研究回顾与未来展望［J］. 旅游学刊，2020，35（6）：78-95.

② Zwass V. Co-Creation：Toward a Taxonomy and an Integrated Research Perspective［J］. International Journal of Electronic Commerce，2010，15（1）：11-48.

动；夜市周边居民参与自发的价值共创是指周边居民自发与夜市其他消费者围绕夜市消费经验进行的互动交流。

关系质量是指周边居民对夜市的认同以及对两者之间关系的满意度。由于关系质量对行为有显著的驱动作用，且所包含的内容较为复杂，为了深入挖掘关系质量的作用机理，通常会对关系质量进行多维划分。目前对于关系质量维度的划分主要集中在"信任、满意、承诺"三个方面，由这三个维度或其中两个维度构成，但当前理论界对于关系质量具体包括哪几个维度尚无明确定论。夜市的发展离不开周边居民的参与，夜市与周边居民之间的互动会发挥和衍生出各种关系。在旅游地与周边居民关系研究中，满意和认同被认为是驱动旅游地居民行为的驱动要素，是衡量旅游地与周边居民间关系的核心指标。① 同样，如何提升周边居民对夜市的认同和增强对夜市的满意度也成为夜市与周边居民协同发展的关键。结合夜市发展的实际情况，本章将关系质量划分为夜市满意和夜市认同两个维度。其中，夜市满意反映了周边居民感知夜市实际价值超过其预期价值的直接积极情感状态；夜市认同则体现了周边居民基于夜市真实体验在心理情感层面上形成的对夜市强烈且持续的依恋感和归属感。② 虽然目前对周边居民参与价值共创和关系质量间关系的直接研究还较少，但可以从其他相关文献中找到一些线索。张嬿等（2017）通过研究消费者参与小米手机品牌价值共创的案例，发现消费者参与品牌价值共创对网络口碑的提升具有显著的正向影响，且能激励顾客参与品牌价值共创，提升顾客满意度。③ 潘佳欣（2020）分析发现，发起价值共创和自发价值共创均能对顾客契合产生积极影响，参与程度高的顾客则会表现出高度认同。④ 在夜市情境下，周边居民通过参与夜市价值共创，同样能有效提升其对夜市的满意度和认同感。对于夜市周边居民而言，参与夜市发起价值共创能让其真实体验到夜市发展带来的效用，并在价值创造过程中充分表达自己的建议和发挥自己的创意，提升对夜市的认知和情感联结，缩短两者间的心理距离，增强周边居民对夜市的满意度和认可度；参与自发的夜市价值共创则可在帮助其与其他周边居民和夜市消费者围绕夜市发展与消费经验进行交流和沟通的基础上，增强夜市认知和丰富夜市体验，并同时借由

---

① Su L, Wang L, Law R, et al. Influences of Destination Social Responsibility on the Relationship Quality with Residents and Destination Economic Performance [J]. Journal of Travel & Tourism Marketing, 2017, 34 (4)：488-502.

② 潘海利，黄敏学. 用户三元情感关系的形成与差异化影响：满意、依恋、认同对用户行为的交互补充作用 [J]. 南开管理评论，2017，20（4）：16-26+72.

③ 张嬿，李冰鑫，刘进平. 网络环境下顾客参与品牌价值共创模式与机制研究——以小米手机为例 [J]. 北京工商大学学报（社会科学版），2017，32（1）：61-72.

④ 潘佳欣. 虚拟品牌社区顾客参与价值共创对顾客契合的影响研究 [D]. 湖北工业大学，2020.

与其他周边居民和消费者的良性互动建立起对夜市更积极的情感，而这些都有利于夜市满意度和认可度的提高。基于此，提出以下假设：

H1：周边居民参与发起的价值共创对夜市满意有显著正向影响；

H2：周边居民参与发起的价值共创对夜市认同有显著正向影响；

H3：周边居民参与自发的价值共创对夜市满意有显著正向影响；

H4：周边居民参与自发的价值共创对夜市认同有显著正向影响。

6.2.2 关系质量和夜市支持行为

夜市支持行为是指夜市周边居民为支持夜市在当地更好的发展所表现出的积极行为，如对夜市发展的反馈、消费等行动上的支持、正面口碑传播等。① 目前关于关系质量与夜市支持行为的直接研究还较少，相关研究也多集中在旅游学领域。郭安禧等（2020）对居民旅游影响感知与支持旅游开发间的关系进行了研究，发现反映社区与居民之间关系质量的社区满意和社区认同对支持旅游开发具有积极促进作用。② 雷硕等（2020）对国家公园试点建设过程中的农户满意度和支持度之间的关系研究发现，农户生态旅游满意度对其支持度有显著正向影响。③ 白玲等（2018）以北京市自然保护区为例，对自然保护区周边农户旅游支持度进行研究，发现农户旅游满意度越高，支持自然保护区发展旅游的程度也越高。④ 汪德根等（2011）对不同生命周期阶段旅游地居民支持度影响因素探究发现，居民地方认同在起步阶段和迅速发展阶段对支持度有显著正向影响。⑤ 总体来看，旅游学相关研究间接表明关系质量能够正向影响周边居民对夜市的支持行为，良好的关系质量使得周边居民更愿意支持夜市发展。夜市满意和夜市认同均对夜市支持行为有显著正向影响。基于此，提出以下假设：

H5：夜市满意对居民夜市支持行为有显著正向影响；

H6：夜市认同对居民夜市支持行为有显著正向影响。

---

① Wang S, Chen J S. The Influence of Place Identity on Perceived Tourism Impacts [J]. Annals of Tourism Research, 2015, 52 (3)：16-28.

② 郭安禧，王松茂，李海军，等 . 居民旅游影响感知对支持旅游开发影响机制研究——社区满意和社区认同的中介作用 [J]. 旅游学刊，2020，35（6）：96-108.

③ 雷硕，甘慧敏，郑杰，等 . 农户对国家公园生态旅游的认知、参与及支持行为分析——以秦岭地区为例 [J]. 中国农业资源与区划，2020，41（2）：16-25.

④ 白玲，余若男，黄涛，等 . 农户对旅游的影响认知、满意度与支持度研究——以北京市自然保护区为例 [J]. 干旱区资源与环境，2018，32（1）：202-208.

⑤ 汪德根，王金莲，陈田，等 . 乡村居民旅游支持度影响模型及机理——基于不同生命周期阶段的苏州乡村旅游地比较 [J]. 地理学报，2011，66（10）：1413-1426.

6.2.3   关系质量的中介作用

由前文关于周边居民参与价值共创和关系质量、关系质量和夜市支持行为的假设中可以发现，周边居民参与价值共创、关系质量、夜市支持行为三者间可能存在相互作用关系。在夜市环境中，周边居民参与夜市价值共创有助于提升其对夜市的满意度和认同感，而积极的情感体验能够进一步增强其对夜市的支持行为。已有学者对关系质量的中介作用作了研究，陈楠和袁箐（2019）对居民是否支持节庆旅游发展进行研究发现，节庆满意度在节庆影响感知和居民支持行为间发挥显著的中介作用。① 刘小同等（2021）探索了居民对旅游演艺的地方性感知对地方认同与旅游支持态度的影响，研究发现地方认同在地方独特性感知与旅游支持态度的关系中发挥部分中介作用，但在地域附着性感知与旅游支持态度的关系中发挥完全中介作用。② 同样，参与夜市价值共创能让周边居民在为夜市提出发展建议和创意或与其他周边居民和夜市消费者围绕夜市发展或夜市消费体验交流的同时，增强对夜市的价值感知，形成对夜市的满意度和认同感，进而推动周边居民对夜市发展支持行为的产生。由此可以推测，关系质量在参与夜市价值共创和夜市支持行为间具有显著的中介作用。基于此，提出以下假设：

H7：夜市满意在周边居民参与发起的价值共创与夜市支持行为的关系中有中介作用；

H8：夜市认同在周边居民参与发起的价值共创与夜市支持行为的关系中有中介作用；

H9：夜市满意在周边居民参与自发的价值共创和夜市支持行为的关系中有中介作用；

H10：夜市认同在周边居民参与自发的价值共创和夜市支持行为的关系中有中介作用。

6.2.4   环境关心的调节作用

环境关心是指人们意识到环境问题，并为解决这些问题愿意付出个人努力的程度。③ 由于夜市发展在带来经济繁荣的同时，还给周边居民带来了油烟、噪声、灯光等环境污染，严重影响了夜市周边居民的生活质量，这使得环境关心成为夜市周边居民的重要内在特质。一般而言，周边居民对夜市环境关心的程度越高，其为了优化生活环境和提升生活质量会更愿意参与夜市价值共创。虽然路幸福和陆林（2015）对边缘型地区旅游发展的居

---

① 陈楠，袁箐. 居民是否支持节庆旅游发展？基于居民地方意象、节庆影响感知、节庆满意度的研究［J］. 河南大学学报（自然科学版），2019，49（6）：631-641+648.

② 刘小同，刘人怀，文彤，等. 认同与支持：居民对旅游演艺地方性感知的后效应［J］. 旅游学刊，2021，36（5）：42-54.

③ 刘贤伟，吴建平. 大学生环境价值观与亲环境行为：环境关心的中介作用［J］. 心理与行为研究，2013，11（6）：780-785.

民环境认同与旅游支持之间的关系研究发现，边缘型地区旅游地居民的环境认同越高，其对旅游发展所持的支持行为就越谨慎，① 但夜市和周边居民通常会为了实现夜市的健康可持续发展和夜市周边居住环境质量的改善等共同利益，而积极主动参与夜市的共同治理和价值创造。对于高环境关心周边居民而言，参与夜市价值共创能帮助他们更好地参与夜市的规划与治理以及为夜市发展献言献策，并能在与其他周边居民及夜市消费者的交流中形成夜市消费的社会规范，共同维护夜市及周边居住环境，进而提升周边居民对夜市的满意度和认同感。反之，对于低环境关心周边居民则正好相反。可见，环境关心正向调节周边居民参与夜市价值共创与关系质量间的关系。基于此，提出以下假设：

H11：环境关心在周边居民参与发起的价值共创与夜市满意的关系中有调节作用；

H12：环境关心在周边居民参与发起的价值共创与夜市认同的关系中有调节作用；

H13：环境关心在周边居民参与自发的价值共创与夜市满意的关系中有调节作用；

H14：环境关心在周边居民参与自发的价值共创与夜市认同的关系中有调节作用。

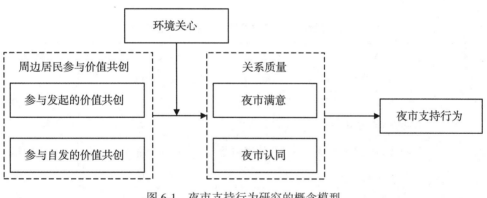

图 6-1 夜市支持行为研究的概念模型

6.3 参与夜市价值共创影响的研究设计与数据分析

6.3.1 变量测量

为了便于对周边居民参与夜市价值共创与夜市支持行为间作用的概念模型进行检验，并对所提出的相关假设进行验证，需要对概念模型所涉及的变量进行量化和测量。本章所

---

① 路幸福，陆林. 边缘型地区旅游发展的居民环境认同与旅游支持——以泸沽湖景区为例［J］. 地理科学，2015，35（11）：1404-1411.

涉及的参与发起的价值共创、参与自发的价值共创、夜市满意、夜市认同、环境关心和夜市支持行为等变量的测量量表均借鉴自国内外已有成熟量表，并在充分考虑夜市发展与治理特点的基础上结合管理学相关学者的意见修改完善而成。此外，为了提升量表的可读性和信效度，两位经管专业博士参与了对国外量表的双向翻译和润色。

　　夜市周边居民参与价值共创是指夜市周边居民为了实现自己与夜市的价值共赢，围绕夜市治理、摊点布置、消费安排等方面进行的可持续性、社会化和高度动态的互动。在充分借鉴国内外学者关于参与价值共创的研究成果基础上，对夜市周边居民参与价值共创所包括的参与发起的价值共创和参与自发的价值共创两个维度的测量量表进行设计。参与发起的价值共创的测量量表主要借鉴 Zwass（2010）等的研究成果①，包括 3 个测量题项，如"我经常参加夜市的新店或新品推广活动（如试吃、买赠）"等；参与自发的价值共创的测量量表主要借鉴 Koh 和 Kim（2003）的研究成果②，包括 4 个测量题项，如"我经常帮助夜市解决经营管理问题（如合理停放车辆等）"等。夜市周边居民参与价值共创的测量量表如表 6-1 所示。

表 6-1　　　　　　　　　　　夜市周边居民参与价值共创的测量量表

变量	测 量 题 项	题项来源
参与发起的 价值共创	我经常参加夜市的新店或新品推广活动（如试吃、买赠）	Zwass（2010）
	我经常参加该夜市组织的商业促销活动（如使用通用优惠券）	
	我经常参加该夜市组织的娱乐主题活动	
参与自发的 价值共创	我经常感受到夜市存在的经营管理问题（如空间规划不合理、卫生条件差等）	Koh 和 Kim （2003）
	我经常帮助夜市解决经营管理问题（如合理停放车辆等）	
	我经常将在夜市中遇到的问题反馈给夜市经营管理部门	
	我经常在各社交圈解答夜市游客的问题，参与相关话题讨论并进行互动	

　　关系质量是指周边居民对夜市的认同以及对两者之间关系的满意度。在充分借鉴国内外学者关于关系质量的研究成果基础上，对关系质量所包括的夜市满意和夜市认同两个维

　　① Zwass V. Co-Creation：Toward a Taxonomy and an Integrated Research Perspective ［J］. International Journal of Electronic Commerce，2010，15（1）：11-48.
　　② Koh J，Kim Y G. Sense of Virtual Community：A Conceptual Framework and Empirical Validation ［J］. International Journal of Electronic Commerce，2003，8（2）：75-94.

度的测量量表进行设计。夜市满意的测量量表主要借鉴 Heider（1958）的研究成果①，包括 4 个测量题项，如"我觉得该夜市达到了我对它的期望"等；夜市认同的测量量表主要借鉴陶蕾等（2008）的研究成果②，包括 4 个测量题项，如"我认可该夜市的经营管理方式和服务能力"等。关系质量的测量量表如表 6-2 所示。

表 6-2 **关系质量的测量量表**

变量	测 量 题 项	题项来源
夜市满意	该夜市不会影响我的正常生活	Heider（1958）
	我觉得该夜市达到了我对它的期望	
	总体上说，我对该夜市感到满意	
	对我来说，该夜市是一个较理想的夜间消费去处	
夜市认同	该夜市的经营活动让我感到放心	陶蕾等（2008）
	该夜市的存在能够提高我的生活品质	
	我对该夜市未来发展充满信心和期待	
	我认可该夜市的经营管理方式和服务能力	

环境关心是指人们意识到环境问题，并为解决这些问题愿意付出个人努力的程度。在充分借鉴国内外学者关于环境关心的研究成果基础上，对环境关心的测量量表进行设计。环境关心的测量量表主要借鉴卢春天等（2014）和罗庚（2016）的研究成果③，包括 3 个测量题项，如"我会主动关注该夜市污染、扰民的问题"等。环境关心的测量量表如表 6-3 所示。

表 6-3 **环境关心的测量量表**

变量	测 量 题 项	题项来源
环境关心	我会主动关注该夜市的污染和扰民问题	卢春天等（2014）、罗庚（2016）
	作为周边的居民我会为维护夜市环境奉献自己的力量	
	我有义务保护我家附近的环境	

───────────

① Heider F. The Psychology of Interpersonal Relations［M］. New York：Wiley, 1958.
② 陶蕾，刘益，张志勇. 态度承诺对关系价值影响作用的实证研究［J］. 商业经济与管理, 2008（1）：52-56.
③ 卢春天，洪大用，成功. 对城市居民评价政府环保工作的综合分析——基于 CGSS2003 和 CGSS2010 数据［J］. 理论探索, 2014（2）：95-100.
罗庚. 成都市居民环境关心与环境行为关系研究［D］. 成都：西南交通大学, 2016.

夜市支持行为是指夜市周边居民为支持夜市在当地更好的发展所表现出的积极行为，如对夜市发展的反馈、消费等行动上的支持、正面口碑传播等。在充分借鉴国内外学者关于支持行为的研究成果基础上，对夜市支持行为的测量量表进行设计。夜市支持行为的测量量表主要借鉴 Zeithaml 等（1996）的研究成果①，包括 3 个题项，如"我愿意向游客介绍并推荐该夜市"等。夜市支持行为的测量量表如表 6-4 所示。

表 6-4　　　　　　　　　　　　　夜市支持行为的测量量表

变量	测量题项	题项来源
夜市支持行为	我希望该夜市能有更好的发展	Zeithaml 等（1996）
	我愿意向游客介绍并推荐该夜市	
	我欢迎游客来该夜市游玩	

6.3.2　样本与数据收集

根据本章所构建的概念模型和提出的相关假设，调查问卷主要对参与发起的价值共创、参与自发的价值共创、夜市满意、夜市认同、环境关心和夜市支持行为等六个变量的测量题项进行测量。调查问卷主要包括三个方面的内容，首先是对问卷的简介和对夜市周边居民基本情况的调查。其次是要求被调查夜市周边居民完成对六个变量测量题项的调查，共包括 21 个调查题项，采用李克特 5 点量表法对问卷中各变量的测量题项进行调查，要求被调查对象根据自己对调查题项的认识和理解从 1 到 5 中进行选择，其中 1 代表"非常不同意"，2 代表"不同意"，3 代表"不确定"，4 代表"同意"，5 代表"非常同意"。最后是对被调查对象性别、年龄、收入、职业等人口统计变量的调查。考虑到被调查对象的性别、年龄、收入、职业等人口统计变量会对参与价值共创与夜市周边居民支持行为之间的关系造成影响，因此这些变量在实证分析中将被作为控制变量。

采用实地调查方式发放调查问卷，进行数据收集。选择江西省南昌市紫荆夜市、蛤蟆街夜市、绳金塔美食街、桃苑西市等热门夜市周边居民作为调查对象，共发放问卷 460 份，回收问卷 459 份，其中有效问卷 417 份，问卷有效率为 90.85%。其中，其中男性为 231 人，占 55.40%，女性为 186 人，占 44.60%；被调查者年龄介于 19 ~ 39 岁居多，占 67.87%；从职业来看，学生为主要被调查者，占 37.65%；从月收入来看，4000 元及以下

---

① Zeithaml V A, Berry L L, Parasuraman A. The Behavioral Consequences of Service Quality [J]. Journal of Marketing, 1996, 60 (2): 31-46.

的被调查者占 50.12%，4001~8000 元的被调查者占 32.61%。有效样本的人口统计变量统计信息如表 6-5 所示。

表 6-5　　　　　　　　　有效样本人口统计变量统计情况（N＝417）

统计内容	内容分类	人数（人）	百分比（%）
性别	男	231	55.40
	女	186	44.60
年龄	18 岁及以下	42	10.06
	19~39 岁	283	67.87
	40~60 岁	76	18.23
	60 岁以上	16	3.84
月收入水平	4000 元及以下	209	50.12
	4001~8000 元	136	32.61
	8001~12000 元	51	12.23
	12001 元及以上	21	5.04
职业	学生	157	37.65
	政府事业单位人员	45	10.79
	企业职员	75	17.99
	自由职业	108	25.90
	其他	32	7.67

6.3.3　信度与效度检验

进行信度和效度检验前，先对各变量测量题项的因子载荷进行计算。发现各题项的因子载荷均大于 0.4，因此所有变量的测量题项均保留。采用 Cronbach's α 系数对测量量表的信度进行检验，结果如表 6-6 所示。各变量的 Cronbach's α 系数均大于 0.6，表明该量表信度较高。测量量表的 KMO 值和 Bartlett 球形值显示，各变量的 KMO 值均大于 0.6，Bartlett 球形值均大于 253.722 且显著，表明该量表适合进行因子分析。采用因子分析得到的各题项因子载荷计算对应变量的 AVE 值和 CR 值。由表 6-6 可知，上述变量的 AVE 值均大于 0.447，CR 值均大于 0.726，表明该量表收敛效度较好。

表 6-6 信度和收敛效度分析结果 （N=417）

变量	因子载荷范围	Cronbach's α	KMO 值	Bartlett 球形值	AVE 值	CR 值
参与发起的价值共创	0.671~0.861	0.844	0.685	565.196***	0.643	0.842
参与自发的价值共创	0.449~0.769	0.660	0.673	320.448***	0.478	0.779
环境关心	0.615~0.720	0.699	0.623	253.722***	0.470	0.726
夜市满意	0.605~0.807	0.795	0.770	577.140***	0.494	0.794
夜市认同	0.523~0.762	0.699	0.716	432.010***	0.447	0.760
夜市支持行为	0.692~0.767	0.864	0.724	603.566***	0.545	0.782

注：*** 表示 P<0.001，** 表示 P<0.01，* 表示 P<0.05。

对变量间的相关性进行分析，结果如表 6-7 所示。参与发起的价值共创（β=0.403，P<0.01）与夜市满意呈正相关关系；参与自发的价值共创（β=-0.118，P<0.05）与夜市满意呈负相关关系；参与发起的价值共创（β=0.366，P<0.01）与夜市认同呈正相关关系；参与发起的价值共创（β=0.402，P<0.01）、夜市满意（β=0.112，P<0.05）、夜市认同（β=0.637，P<0.01）均与夜市支持行为呈显著正相关关系，结果对研究假设提供了初步支持。此外，各变量 AVE 值的平方根大多高于对应的相关系数，说明该量表的区别效度较好。

表 6-7 相关系数与区别效度的分析结果 （N=417）

变量	1	2	3	4	5	6
1. 参与发起的价值共创	0.802					
2. 参与自发的价值共创	0.270**	0.691				
3. 环境关心	0.209**	0.418**	0.686			
4. 夜市满意	0.403**	-0.118*	-0.041	0.703		
5. 夜市认同	0.366**	-0.057	-0.001	0.691**	0.669	
6. 夜市支持行为	0.402**	-0.062	0.112*	0.637**	0.616**	0.738

注：*** 表示 P<0.001，** 表示 P<0.01，* 表示 P<0.05；对角线上的数值为 AVE 值平方根。

6.3.4 假设检验

首先通过结构方程模型对主效应模型进行检验，模型的各拟合指数结果如表 6-8 所示。CMIN/DF 为 4.536，RMSEA 为 0.092，GFI 为 0.864，CFI 为 0.865，NFI 为 0.834，IFI 为 0.866，虽然各拟合指标都未达到理想值，但均处于可接受范围内。综上，模型的整体拟合程度较好，能对变量间的作用路径进行有效的解释。发起的价值共创（$\beta = 0.613$，$P < 0.001$）对夜市认同有显著正向影响；发起的价值共创（$\beta = 0.563$，$P < 0.01$）对夜市满意有显著正向影响，自发的价值共创（$\beta = -0.279$，$P < 0.001$）对夜市满意有显著负向影响；夜市满意（$\beta = 0.401$，$P < 0.01$）、夜市认同（$\beta = 0.507$，$P < 0.001$）分别对夜市支持行为有显著正向影响。可见，假设 H1、H2、H5、H6 得到支持。

表 6-8 主效应检验结果 （N=417）

路径	标准化路径系数	C. R.	P 值	拟合指标
发起的价值共创→夜市认同	0.613	8.999	0.000	CMIN/DF = 4.536
发起的价值共创→夜市满意	0.563	7.577	0.000	RMSEA = 0.092
自发的价值共创→夜市满意	-0.279	-4.214	0.000	GFI = 0.864 CFI = 0.865
夜市满意→夜市支持行为	0.401	5.094	0.000	NFI = 0.834
夜市认同→夜市支持行为	0.507	6.291	0.000	IFI = 0.866

采用中介检验三步法检验关系质量的中介作用，结果如表 6-9 所示。依据主效应分析结果，中介效应检验主要针对参与发起的价值共创、参与自发的价值共创分别与夜市满意和夜市支持行为以及参与发起的价值共创与夜市认同和夜市支持行为这三个作用路径展开。由模型 2 可知，参与发起的价值共创（$\beta = 0.450$，$P < 0.001$）对夜市满意有显著正向影响；由模型 6 可知，参与发起的价值共创（$\beta = 0.428$，$P < 0.001$）对夜市支持行为有显著正向影响；由模型 7 可知，夜市满意（$\beta = 0.542$，$P < 0.001$）对夜市支持行为有显著正向影响，参与发起的价值共创（$\beta = 0.184$，$P < 0.001$）对夜市支持行为仍有显著正向影响且回归系数出现了下降（0.184<0.428），表明夜市满意在参与发起的价值共创与夜市支持行为的关系中有部分中介作用，假设 H7 得到部分支持。由模型 4 可知，参与发起价值共创（$\beta = 0.347$，$P < 0.001$）对夜市认同有显著正向影响；由模型 6 可知，参与发起价值共创（$\beta = 0.428$，$P < 0.001$）对夜市认同有显著正向影响；由模型 8 可知，夜市认同（$\beta = 0.526$，$P < 0.001$）对夜市支持行为有显著正向影响，参与发起价值共创（$\beta = 0.196$，$P < 0.001$）对夜市支持行为有显著正向影响且回归系数出现了下降（0.196<0.428），说明夜市认同在周边居民参与发起的价值共创与夜市支持行为的关系中有部分中介作用，假设 H8 得到部分支持。

表 6-9   中介作用回归分析结果（N=417）

研究变量	夜市满意		夜市认同		夜市支持行为			
	模型 1	模型 2	模型 3	模型 4	模型 5	模型 6	模型 7	模型 8
性别	0.006	−0.002	−0.031	−0.037	0.003	−0.004	−0.003	0.017
年龄	−0.282***	−0.173**	−0.252***	−0.157***	−0.292***	−0.190**	−0.096*	−0.114*
职业	0.098	0.101	0.159*	0.156**	0.157*	0.151*	0.096	0.048
收入	−0.064	−0.110*	−0.026	−0.067	−0.019	−0.063	−0.004	−0.029
参与发起价值共创		0.450***		0.347***		0.428***	0.184***	0.196***
参与自发价值共创		−0.222***				−0.179***	−0.159	
夜市满意							0.542***	
夜市认同								0.526***
R^2	0.063	0.248	0.042	0.156	0.057	0.220	0.440	0.427
调整 R^2	0.054	0.237	0.032	0.146	0.048	0.208	0.431	0.418
F	6.981***	22.575***	4.463**	15.186***	6.206***	19.243***	45.949***	50.829***
VIF 最大值	1.677	1.765	1.678	1.695	1.677	1.765	1.779	1.710

注：*** 表示 P<0.001，** 表示 P<0.01，* 表示 P<0.05。

检验环境关心的调节作用时，需要先将性别、年龄、职业、收入作为控制变量，参与夜市价值共创和环境关心作为自变量对因变量关系质量进行回归分析，然后放入参与夜市价值共创和环境关心的交互项，检验结果如表 6-10 所示。为了防止出现多重共线性问题，在计算交互项前对参与夜市价值共创和环境关心进行了中心化处理。由模型 2 可知，参与发起的价值共创与环境关心的交互项（β = 0.247，P<0.001）对夜市满意有显著正向影响，表明环境关心在参与发起的价值共创与夜市满意间有显著调节作用，假设 H11 得到支持。

表 6-10   调节作用回归分析结果（N=417）

研究变量	夜市满意			夜市认同		
	模型 1	模型 2	模型 3	模型 4	模型 5	模型 6
性别	0.006	0.004	0.002	−0.031	−0.033	−0.033
年龄	−0.282***	−0.177**	−0.281***	−0.252***	−0.162**	−0.252***
职业	0.098	0.064	0.118	0.159*	0.127*	0.171**
收入	−0.064	−0.111	−0.065	−0.026	0.052	−0.027
环境关心		−0.318*	−0.212		−0.168	−0.104

续表

研究变量	夜市满意			夜市认同		
	模型 1	模型 2	模型 3	模型 4	模型 5	模型 6
参与发起的价值共创		0.403***			0.036***	
参与发起的价值共创×环境关心		0.247***			0.106	
参与自发的价值共创			−0.120*			0.084
参与自发的价值共创×环境关心			0.276			0.158
R^2	0.063	0.217	0.103	0.042	0.057	0.196
调整 R^2	0.054	0.203	0.088	0.032	0.045	0.184
F	6.981***	16.843***	6.741***	4.463**	14.695***	6.994***
VIF 最大值	1.677	1.758	1.776	1.677	1.774	1.681

注：*** 表示 $P<0.001$，** 表示 $P<0.01$，* 表示 $P<0.05$。

为了使环境关心的调节作用反映得更直观，本章采用简单坡度法分别绘制了环境关心在参与发起的价值共创与夜市满意关系中的调节效应图，如图 6-2 所示。由图 6-2 可知，高环境关心时参与发起的价值共创对夜市满意的影响变强程度大于低环境关心时参与发起的价值共创对夜市满意的影响变强程度。

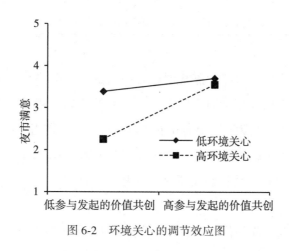

图 6-2　环境关心的调节效应图

6.4　参与夜市价值共创影响的实证研究结果讨论

本章对所构建的参与夜市价值共创对夜市周边居民支持行为影响的概念模型以及相关

假设进行了实证分析和检验，根据实证研究结果对本章的假设支持情况进行汇总，具体检验结果如表 6-11 所示。

表 6-11　　　　　　　　　参与夜市价值共创影响的假设检验结果汇总

假 设 内 容	结果
H1：周边居民参与发起的价值共创对夜市满意有显著正向影响	支持
H2：周边居民参与发起的价值共创对夜市认同有显著正向影响	支持
H3：周边居民参与自发的价值共创对夜市满意有显著正向影响	不支持
H4：周边居民参与自发的价值共创对夜市认同有显著正向影响	不支持
H5：夜市满意对居民夜市支持行为有显著正向影响	支持
H6：夜市认同对居民夜市支持行为有显著正向影响	支持
H7：夜市满意在周边居民参与发起的价值共创与夜市支持行为的关系中有中介作用	部分支持
H8：夜市认同在周边居民参与发起的价值共创与夜市支持行为的关系中有中介作用	部分支持
H9：夜市满意在周边居民参与自发的价值共创和夜市支持行为的关系中有中介作用	不支持
H10：夜市认同在周边居民参与自发的价值共创和夜市支持行为的关系中有中介作用	不支持
H11：环境关心在周边居民参与发起的价值共创与夜市满意的关系中有调节作用	支持
H12：环境关心在周边居民参与发起的价值共创与夜市认同的关系中有调节作用	不支持
H13：环境关心在周边居民参与自发的价值共创与夜市满意的关系中有调节作用	不支持
H14：环境关心在周边居民参与自发的价值共创与夜市认同的关系中有调节作用	不支持

本章旨在探索周边居民参与价值共创、关系质量、环境关心和夜市支持行为间的关系，由实证研究结果可以发现，周边居民参与发起的价值共创对关系质量有显著正向影响；关系质量对夜市支持行为具有显著正向影响；关系质量在周边居民参与发起的价值共创与夜市支持行为的关系中起部分中介作用；环境关心正向调节周边居民参与发起价值共创与夜市满意之间的关系；其他假设不显著。基于实证研究结果，本章提出如下研究结论：

一是周边居民参与发起的价值共创对关系质量有显著正向影响。周边居民接受夜市提供服务的几率较大，会使居民在潜意识中形成一种依赖感。当夜市发起价值共创的活动时，周边居民会积极响应并参与，互动性的增加更易加深周边居民对夜市的正面印象，并会选择性地忽略其消极内容，进而会产生较高的夜市满意和认同。参与自发的价值共创对关系质量影响不显著或呈现负向影响可能是因为周边居民持续地发现、反馈夜市存在的问题，会不断地消耗居民的时间和精力，破坏其对夜市的信任与好感，而且如果反馈的问题不能及时解决，也会极大降低周边居民对夜市的信任及好感，进而会潜移默化地加深其对夜市的负面印象。

二是关系质量对夜市支持行为具有显著正向影响。在夜市环境中，作为夜市的利益相关者，周边居民对夜市的满意度和认同感越高，越能够设身处地地站在夜市的角度思考问题，也能够更好地理解夜市行为，也就容易增强对夜市行为的支持。

三是关系质量在周边居民参与发起的价值共创与夜市支持行为的关系中起部分中介作用。周边居民参与自发价值共创（如发现、反馈夜市存在的问题），本身是一种对夜市的关心行为，积极参与能够激发周边居民的责任感，希望夜市能有更好的发展。同时，及时的问题反馈以及夜市对反馈的问题作出积极的回应有助于增强周边居民的夜市满意及夜市认同感，进而能对夜市支持行为产生极大影响。

四是环境关心正向调节周边居民参与发起价值共创与夜市满意之间的关系。环境关心度越高，越能强化周边居民参与发起的价值共创对夜市满意的正向作用。高环境关心的周边居民更容易认识到自身与夜市的利益关系，进而激发自身的环境责任感，因而也愿意花费一定时间参与夜市发起的价值共创活动，支持夜市长久发展，正向的互动体验能够增强周边居民对夜市的满意度。

6.5 本章小结

本章基于价值共创理论，以关系质量为中介变量和以环境关心为调节变量，探索了周边居民参与夜市价值共创对夜市支持行为的作用路径与边界条件。本章主要探讨了夜市周边居民参与价值共创对关系质量的直接作用、关系质量对夜市周边居民支持行为的直接作用、关系质量在夜市周边居民参与价值共创和支持行为之间的中介作用以及环境关心在夜市周边居民参与价值共创与关系质量关系中的调节作用。

基于所采集的 417 份有效数据，采用结构方程模型和多层回归分析方法进行实证研究发现：周边居民参与发起的价值共创对关系质量有显著正向影响；关系质量对夜市支持行为具有显著正向影响；关系质量在周边居民参与发起的价值共创与夜市支持行为的关系中起部分中介作用；环境关心正向调节周边居民参与发起价值共创与夜市满意之间的关系。

第7章 研究结论与展望

7.1 研究结论

本书利用感知价值理论、服务质量感知理论、计划行为理论和参与价值共创理论对城市居民夜市消费意愿形成的机理进行了探究。首先，结合夜市消费情境，基于感知价值理论，提出了城市居民感知价值与夜市消费意愿间作用的概念模型，并通过实证分析对城市居民感知价值与夜市消费意愿间的作用路径进行了检验；其次，基于服务质量感知理论，提出了夜市服务质量感知对城市居民再次消费意愿作用的概念模型，并通过实证分析探究了不同夜市服务质量感知通过幸福动机对城市居民再次消费意愿影响的机理，发现和明确了不同夜市服务质量感知的作用路径差异以及作用的边界条件；再次，以计划行为理论为研究的主体框架，构建了城市居民夜市消费意愿研究的概念模型，并利用实证分析探索了城市居民夜市消费意愿形成的内在作用机理；最后，以夜市周边居民为研究对象，基于价值共创理论，构建了周边居民参与价值共创影响夜市支持行为的概念模型，通过实证分析探寻了周边居民参与价值共创与夜市支持行为间的内在作用机理和作用的边界条件。通过以上理论分析和实证检验，得到了如下研究结论：

（1）对于城市居民感知价值与夜市消费意愿，感知功能价值和感知情感价值均对城市居民正面情绪和夜市消费意愿有显著正向影响，且感知社会价值影响均不显著；正面情绪在感知情感价值和感知社会价值分别对夜市消费意愿的影响中发挥了中介作用。夜市提升了城市居民消费体验感，满足了城市居民释放压力和社交的需求，激发了城市居民的消费活力。特别是当前夜市消费城市居民更加注重精神文化需求等高层次的满足感，而感知功能价值和感知情感价值能激发城市居民愉悦的心情进而促进他们产生正面情绪，因此能更好地吸引和留住消费者。感知社会价值影响不显著则可能是因为夜市社交共享空间不足，无法满足城市居民在休息之余兼顾社交的需求，且夜市提供的商品和服务同质化较严重，无法满足城市居民个性化消费需求，很难匹配城市居民日益增长的品质消费需求等导致的。此外，夜市游玩丰富了城市居民的休闲时间，满足了城市居民释放压力和放松身心的生活需求，激发了其正面情绪的产生。当正面情绪占据主导地位后，城市居民会高估自身购物需求增加其消费意愿。在夜市与好友聚会则丰富了城市居民的社交需求促使其产生正面情绪，而这种消费情绪的出现会对城市居民随后的消费意愿产生重要推动作用。

（2）对于服务质量感知与夜市再次消费意愿，夜市服务质量感知对城市居民幸福动机有显著正向影响；城市居民幸福动机对夜市再次消费意愿有显著正向影响；城市居民幸福动机在夜市服务质量感知与夜市再次消费意愿间发挥部分中介作用；心理资本负向调节夜市服务质量感知对城市居民幸福动机的影响，但对夜市服务传递与意义幸福动机关系的调节作用不显著。对于追求高品质生活的城市居民而言，日益趋同的夜市服务产品和夜市服务环境不能再简单地被视作启动幸福动机的服务质量引擎，对夜市服务传递的感知已成为城市居民幸福动机触发的重要夜市服务质量线索。丰富与高品质的夜市服务产品、接地气与热情的夜市服务传递、地域文化特色突出的夜市服务环境能让城市居民在体验高质量夜市服务的基础上不断满足其对美好幸福生活的需求，持续为前往夜市消费注入新的活力。心理资本的负向调节作用表明城市居民的心理资本越低，夜市服务质量感知对幸福动机的正向影响作用就越强。心理资本对夜市服务传递与意义幸福动机关系的调节作用不显著可能是因为夜市服务传递的热情好客与"温柔"互动相较于夜市服务产品和服务环境，更能增强城市居民对夜市的情感以及在夜市社会交往与自我提升的认同，进而弱化强心理资本城市居民的内倾性。

（3）对于基于计划行为理论的城市居民夜市消费意愿，主观规范对夜市消费意愿有显著正向影响；时尚意识、领导意识和怀旧意识对夜市消费态度有显著正向影响；夜市消费态度仅在时尚意识对夜市消费意愿的影响中发挥中介作用。夜市消费能满足城市居民同亲人、朋友、同事一起去夜市休闲放松和去热点夜市"打卡"体验的消费需求。前者夜市消费意愿的形成是因受到同行亲人、朋友、同事建议和倾向的影响；后者夜市消费意愿的形成则是源自各类社交媒体信息的影响和压力以及出于城市居民的从众和模仿心理。两者共同构成了导致城市居民夜市消费意愿形成的主观规范。此外，时尚意识、领导意识和怀旧意识高的城市居民会为了把握流行趋势，获得他人对自己夜市消费评价和推荐的认可与赞同，以及对过往"老味道"的回味与追求，表现出更积极的夜市消费态度。时尚意识可通过夜市消费态度对夜市消费意愿产生影响说明，时尚意识高的城市居民确信夜市消费属于一种时尚，相信通过夜市消费能够体现自己的时尚追求，这使他们增强了对夜市消费的兴趣和偏好，并表现出积极的夜市消费意愿。

（4）对于周边居民夜市支持行为，周边居民参与发起的价值共创对关系质量有显著正向影响；关系质量对夜市支持行为具有显著正向影响；关系质量在周边居民参与发起的价值共创与夜市支持行为的关系中起部分中介作用；环境关心正向调节周边居民参与发起的价值共创与夜市满意之间的关系。周边居民接受夜市提供服务的几率较大，会使周边居民在潜意识中对夜市形成一种依赖感。当夜市发起价值共创的活动时，周边居民通常会积极响应并参与。随着互动性的增加，周边居民也更易增强对夜市的正面印象，并会选择性地忽略其消极内容，进而产生较高的夜市满意和认同。与此同时，作为夜市的利益相关者，周边居民对夜市的满意度和认同感越高，也就越能够设身处地地为夜市思考问题，也能够更好地理解夜市行为，也就容易强化对夜市的支持行为。此外，高环境关心的周边居民更容易认识到自身与夜市的利益关系，进而激发自身的环境责任感，也更愿意花费一定时间参与夜市发起的价值共创活动，支持夜市可持续发展，且通过这种正向的互动体验不断地增强自身对夜市的满意度。

7.2　研究启示

针对城市居民感知价值与夜市消费意愿、服务质量感知与夜市再次消费意愿、基于计划行为理论的城市居民夜市消费意愿、周边居民夜市支持行为的实证分析结果和研究结论，提出如下研究启示：

（1）合理规划，打造特色文化夜市"商圈"，提升青年群体夜市认同。

当前夜市均存在消费结构单一、同质化严重的问题。打破趋同性现状则要求夜市与当地特色文化、传统习俗相融合，打造集美食、旅游、娱乐于一体的夜市"商圈"，满足顾客多元化的夜市消费需求。多元化消费需求的满足则能够提升顾客夜市价值感知，激发其夜市消费意愿。此外，当前夜市发展还局限于美食购物等基础业态，忽视了对顾客情感价值、社会价值等高层次精神需求的满足。相比美食的诱惑，民俗文化体验、文娱演艺等丰富的夜间消费场景则会让夜市变得更加令人向往。为满足顾客的精神需求，夜市应加大文艺演出、音乐演出、文物展览等文旅产品的开发，打造独特的文化品牌，提升顾客感知价值，吸引顾客前往消费。在夜市消费人群定位上，根据本书调查发现，夜市消费者的年龄段在 30 岁以下的居多，同时低收入群体比重较大，顾客购买力相对较低，夜市应当针对该消费群体，提供更多性价比较高的产品和服务来增加顾客认同感，提升消费者价值感知，刺激该群体的购买欲望，引导其夜市消费。

（2）促进夜市文旅商深度融合，营造热情好客的形象，增强城市居民与夜市的情感联结。

享乐型和意义型服务是城市居民夜市消费的主要内容，但以往两者分离的单一夜市消费业态已无法满足城市居民对幸福美好生活的需要，同时具备享乐与意义属性成为提升夜市整体吸引力的基本要求。夜市经营管理者可结合地方文化特色和夜市区位优势，将吃、买、逛、玩与赏、学、感、悟结合，突破传统夜市产品品类单一和功能区隔的障碍，让城市居民在玩乐的同时能够有所收获和提升，实现夜市多业态的有效组合，打造夜市文旅商一站式消费综合体与聚集区。此外，城市居民对夜市服务质量的感知源于对夜市服务产品、夜市服务传递和夜市服务环境三个方面的评价，其中夜市服务传递的权重最大。夜市服务产品品质提升和夜市服务环境打造要在防止同质化的同时，结合当地文化品位塑造和提供特色化、差异化的产品与场景。夜市经营方和管理方也应共同努力，不断提升服务与管理能力和水平，营造一个能向城市居民传递烟火气和热情好客的、有温度的夜市消费环境。在目标消费群体选择上，对于高心理资本的城市居民，夜市经营管理者应重点围绕夜市的"互动性和自我提升性"进行宣传和推广，向其传递夜市消费所能带来的社会性与情感性体验价值，帮助其认识夜市消费在平衡自我与外界冲突方面的突出作用，进而使他们将夜市消费与放松、乐观等紧密联系在一起，改变对夜市的刻板印象。除了向城市居民传递夜市消费的优势信息外，还应持续加强与其沟通交流，实现夜市经营主体与城市居民间的夜市价值共创，建立起更加紧密的情感联结。

（3）注重夜市消费环境建设的现代与复古结合，构建良好的夜市消费社会文化，突出网络社交平台在夜市消费宣传中的作用。

生活方式中怀旧意识对城市居民夜市消费态度形成的影响最大，说明城市居民对夜市古香古色古味的追求是促进他们夜市消费态度形成的重要驱动力。夜市消费环境建设不仅要注重开发能体现本地民俗民风的特色产品与服务，还应在夜市景观和商铺的设计与开发过程中加入传统怀旧元素以构建复古的消费情境，深入契合和满足高怀旧意识城市居民的夜市消费需求。除客观环境外，良好的夜市消费文化能促进城市居民在夜间消费选择过程中获得对去夜市消费的社会压力感知，有助于推动城市居民形成夜市消费的意愿。夜市消费文化建设不仅应体现出本地文化特色，还应能改变以往人们对夜市脏乱差和不健康不安全的刻板印象，从夜市消费文化的角度强化城市居民对夜市消费态度和意向的主观规范。此外，时尚意识高的消费者能够形成积极的夜市消费态度和消费意向，而消费者把握时尚与流行方向的信息主要源于网络社交平台。夜市管理部门和商铺应利用好网络社交平台的信息交互功能，在通过网络社交平台进行宣传和促销的同时，积极推动夜市、夜市商铺或夜市产品口碑的建立。这不仅有利于促进城市居民夜市消费外部网络压力的形成，还能为其提供成为夜市消费意见领袖的机会，进而提高夜市的知名度和美誉度。

（4）完善夜市及周边环境，建立沟通平台与补偿机制，构建和谐"夜市+居民社区"。

夜市周边居民在切身感受夜市繁华、热闹和烟火气的同时，也会遭受夜市噪声、灯光、油烟和交通拥堵等对正常生活的消极影响。为了积极响应周边居民对夜市环境的关心和重视，夜市经营管理者应根据周边居民的生活作息习惯，采取合理安排夜市经营者出摊时间、调整灯光亮度、引导高噪声污染源室内经营和设置垃圾分类投放点等方式，优化夜市经营和周边居民生活环境，有效降低夜市环境污染对周边居民生活质量的影响。与此同时，周边居民不仅是夜市的被影响者，还是夜市发展的重要参与者。打造夜市与周边居民间和谐共生的邻里关系，提升夜市与周边居民间的关系质量对夜市发展至关重要。政府应充分发挥其在夜市发展中的主导作用，搭建起夜市经营管理者与周边居民间信息沟通的平台，便于双方主动表达各自对夜市发展的建议和看法，协调与减少两者间的矛盾。此外，还可以建立"夜市环境补偿机制"，将夜市环境责任与经济责任联动起来，提高夜市经营管理者进行夜市环境保护的内生动力，并持续激发夜市周边居民持续参与夜市建设发展的积极性，以此推动夜市经营管理者与周边居民的合作共赢，共同促进夜市的繁荣发展和长治久安，构建和谐的"夜市+居民社区"。

7.3　研究展望

通过对由感知价值理论、服务质量感知理论、计划行为理论和参与价值共创理论建立的城市居民夜市消费意愿形成作用模型进行实证研究，探究了城市居民夜市消费意愿形成的影响因素及内在作用机理，提出了一些具有一定理论和现实意义的研究结论与管理启示。

（1）本书首次从感知价值、服务质量感知、计划行为理论和价值共创等角度对城市居民夜市消费意愿的影响因素进行了综合探索，但夜市的多元化和夜市消费诉求的多样化却可能制约研究结论的适用性和可推广性，未来可以针对不同类型的夜市开展针对性的消费意愿影响因素研究，探究不同夜市情境下影响城市居民夜市消费意愿形成的独特要素和内在作用机制，以提升研究启示的指向性。

（2）本书主要采用网上调查方式收集数据，在收集过程中虽然对作答次数进行了限制，但网上情况难以控制再加上受访者受个人因素干扰可能会影响数据收集的质量。总体来看，调查的受访者中在校大学生占比较多，不能全面了解各层次人群的夜市消费情况。在未来研究中可采取线下发放调查问卷的方式保证数据质量，同时扩大调查范围，细分和探索不同年龄阶段群体的夜市消费需求。

（3）本书注意到夜市周边居民的"邻避"现象，并从参与价值共创视角探究了影响周边居民夜市支持行为的因素和内在作用路径，但主要基于周边居民主动参与的前提假设，而并没有考虑周边居民接受和支持夜市行为前的态度以及这种积极态度的影响因素。在未来的研究中可以从感知利益、感知风险和感知信任等方面探索影响周边居民夜市接受或支持态度形成的内在机理，更好地从心理层面化解夜市周边潜在的"邻避"风险。

附录 A 感知价值对夜市消费意愿影响的调研问卷

尊敬的女士/先生：

您好！非常感谢您参与此项问卷调查。本问卷以学术研究为目的，问卷调查所收集到的数据主要用于调查和研究感知价值对城市居民夜市消费意愿的影响，希望通过本次调查发现影响城市居民夜市消费意愿的价值要素及内在作用机理。请按照您所选择的参考夜市作答。所有问题答案没有对错之分，您只需选出能反映您真实想法的答案即可。本问卷收集的数据不用于任何商业用途，您的回答将完全保密，请放心填写。最后，感谢您的配合，祝您生活愉快，万事顺遂！

第一部分：基本情况

1. 请问您目前居住在哪个城市？_____

2. 请问在您去过当地或其他城市的夜市中，哪些夜市给您的印象最深？（多选）

□上海寿宁路夜市	□南京狮子桥	□上海昌里路夜市
□杭州河坊街夜市	□武汉吉庆街夜市	□武汉户部巷
□长沙坡子街夜市	□南京夫子庙夜市	□西宁莫家街夜市
□济南芙蓉街	□海口骑楼小吃街	□广州上下九夜市
□开封西司夜市	□长沙火宫殿	□重庆八一路好吃街
□南昌紫荆夜市	□敦煌沙洲夜市	□苏州山塘街
□北京王府井小吃街	□开封鼓楼夜市	□香港庙街夜市
□上海城隍庙	□南昌绳金塔美食街	□台北士林夜市
□厦门中山路步行街	□青岛劈柴院	□杭州胜利河美食街
□丽江四方街	□洛阳老城十字街夜市	□西安回民风味小吃街
□北京簋街	□其他_____	

3. 您平均每个月去夜市的次数是：

□基本不去　　□1~3次　　□3~6次　　□几乎每天去

第二部分：以下是一系列对夜市消费意愿及影响因素的描述，请您根据自己所选参照夜市和对自己的认识，勾选出与您想法相近的选项（1——非常不同意，2——不同意，

3——不确定，4——同意，5——非常同意）。

4. 以下题项旨在了解您对夜市感知功能价值的评价，请您在相应选项进行选择：

具体题项	非常 不同意	不同意	一般	同意	非常同意
（1）夜市提供的产品或服务值得信赖	1	2	3	4	5
（2）夜市提供的产品或服务质量使我满意	1	2	3	4	5
（3）夜市提供的产品或服务价格合理，物有所值	1	2	3	4	5

5. 以下题项旨在了解您对夜市感知情感价值的评价，请您在相应选项进行选择：

具体题项	非常 不同意	不同意	一般	同意	非常同意
（1）在夜市游玩可以丰富我的生活	1	2	3	4	5
（2）在夜市购买产品或服务能让我产生幸福感	1	2	3	4	5
（3）在夜市购买产品或服务能给我带来快乐的感受	1	2	3	4	5

6. 以下题项旨在了解您对夜市感知社会价值的评价，请您在相应选项进行选择：

具体题项	非常 不同意	不同意	一般	同意	非常同意
（1）我和朋友去夜市聚餐能够体现我的社会地位	1	2	3	4	5
（2）我和朋友去夜市聚餐让我感到骄傲	1	2	3	4	5
（3）在夜市购买商品或服务能满足我的社交需求	1	2	3	4	5

7. 以下题项旨在了解您对夜市正面情绪的评价，请您在相应选项进行选择：

具体题项	非常 不同意	不同意	一般	同意	非常同意
（1）光顾夜市让我感到非常高兴	1	2	3	4	5
（2）光顾夜市让我感到非常放松	1	2	3	4	5
（3）光顾夜市让我感到非常满足	1	2	3	4	5

8. 以下题项旨在了解您对夜市负面情绪的评价，请您在相应选项进行选择：

具 体 题 项	非常 不同意	不同意	一般	同意	非常同意
（1）光顾夜市让我感到非常厌烦	1	2	3	4	5
（2）夜市提供的产品或服务让我感到难以接受	1	2	3	4	5
（3）夜市提供的产品或服务让我感到非常失望	1	2	3	4	5

9. 以下题项旨在了解您夜市消费意愿的评价，请您在相应选项进行选择：

具 体 题 项	非常 不同意	不同意	一般	同意	非常同意
（1）我经常在夜市购买产品或服务	1	2	3	4	5
（2）我会持续在夜市购买产品或服务	1	2	3	4	5
（3）我经常推荐亲朋好友在夜市购买产品或服务	1	2	3	4	5

第三部分：个人基本信息

10. 您的性别是：

□男　　　　　　　□女

11. 您的年龄段：

□20 岁及以下　　　□21～30 岁　　　　□31～40 岁　　　　□40 岁以上

12. 您的学历是：

□高中及以下　　　□专科　　　　　　□本科　　　　　　　□研究生及以上

13. 您的收入水平：

□1000 元以下　　　□1000～1499 元　　□1500～2500 元　　　□2500 元以上

14. 您目前从事的职业：

□学生　　　　　　□政府事业单位工作人员　　　　□企业职员

□自由职业　　　　□其他_____

附录 B 服务质量感知对夜市再次消费意愿影响的调研问卷

尊敬的女士/先生：

您好！非常感谢您参与此项问卷调查。本问卷以学术研究为目的，问卷调查所收集到的数据主要用于调查和研究服务质量感知对城市居民夜市再次消费意愿的影响，希望通过本次调查发现影响城市居民夜市再次消费意愿的服务质量因素及内在作用机理。请按照您所选择的参考夜市作答。所有问题答案没有对错之分，您只需选出能反映您真实想法的答案即可。本问卷收集的数据不用于任何商业用途，您的回答将完全保密，请放心填写。最后，感谢您的配合，祝您生活愉快，万事顺遂！

第一部分：基本情况

1. 请问您目前居住在哪个城市？_____

2. 请问在您去过当地或其他城市的夜市中，哪些夜市给您的印象最深？（多选）

□上海寿宁路夜市	□南京狮子桥	□上海昌里路夜市
□杭州河坊街夜市	□武汉吉庆街夜市	□武汉户部巷
□长沙坡子街夜市	□南京夫子庙夜市	□西宁莫家街夜市
□济南芙蓉街	□海口骑楼小吃街	□广州上下九夜市
□开封西司夜市	□长沙火宫殿	□重庆八一路好吃街
□南昌紫荆夜市	□敦煌沙洲夜市	□苏州山塘街
□北京王府井小吃街	□开封鼓楼夜市	□香港庙街夜市
□上海城隍庙	□南昌绳金塔美食街	□台北士林夜市
□厦门中山路步行街	□青岛劈柴院	□杭州胜利河美食街
□丽江四方街	□洛阳老城十字街夜市	□西安回民风味小吃街
□北京簋街	□其他_____	

3. 您平均每个月去夜市的次数是：

□基本不去　　　　　□1~3次　　　　　□3~6次　　　　　□几乎每天去

第二部分：以下是一系列对夜市再次消费意愿及影响因素的描述，请您根据自己所选参照夜市和对自己的认识,勾选出与您想法相近的选项(1——非常不同意,2——不同意,3——有点不同意,4——不确定,5——有点同意,6——同意,7——非常同意)。

4. 以下题项旨在了解您对夜市服务产品的评价,请您在相应的选项上进行选择:

具体题项	非常 不同意	不同意	有点 不同意	不确定	有点 同意	同意	非常 同意
(1) 该夜市有体现当地特色文化的产品或服务	1	2	3	4	5	6	7
(2) 该夜市有各式美食	1	2	3	4	5	6	7
(3) 该夜市有丰富的文化娱乐活动	1	2	3	4	5	6	7
(4) 该夜市有可供游览的特色景观	1	2	3	4	5	6	7

5. 以下题项旨在了解您对夜市服务传递的评价,请您在相应的选项上进行选择:

具体题项	非常 不同意	不同意	有点 不同意	不确定	有点 同意	同意	非常 同意
(1) 该夜市有明晰的指示牌和宣传广告	1	2	3	4	5	6	7
(2) 该夜市提供热情好客和接地气的服务	1	2	3	4	5	6	7
(3) 该夜市能及时提供顾客所需的产品或服务	1	2	3	4	5	6	7

6. 以下题项旨在了解您对夜市服务环境的评价,请您在相应的选项上进行选择:

具体题项	非常 不同意	不同意	有点 不同意	不确定	有点 同意	同意	非常 同意
(1) 该夜市的建筑等硬件设施具有当地文化特色	1	2	3	4	5	6	7
(2) 该夜市的烟火气浓厚	1	2	3	4	5	6	7
(3) 该夜市的交通设施便利	1	2	3	4	5	6	7
(4) 该夜市的经营秩序规范有序	1	2	3	4	5	6	7

7. 以下题项旨在了解您的享乐幸福动机，请您在相应的选项上进行选择：

具体题项	非常 不同意	不同意	有点 不同意	不确定	有点 同意	同意	非常 同意
（1）在该夜市可以获得愉悦的消费 体验	1	2	3	4	5	6	7
（2）在该夜市可以获得有趣的消费 体验	1	2	3	4	5	6	7
（3）在该夜市可以获得放松的消费 体验	1	2	3	4	5	6	7
（4）在该夜市可以获得感官的刺激 体验	1	2	3	4	5	6	7

8. 以下题项旨在了解您的意义幸福动机，请您在相应的选项上进行选择：

具体题项	非常 不同意	不同意	有点 不同意	不确定	有点 同意	同意	非常 同意
（1）该夜市提供的社交环境吸引我前 往消费	1	2	3	4	5	6	7
（2）该夜市闹中取静的书吧等学习环 境吸引我前往消费	1	2	3	4	5	6	7
（3）前往该夜市，我可以感受到被爱 和尊重	1	2	3	4	5	6	7
（4）在该夜市消费完后，我可以感觉 到继续奋斗的动力	1	2	3	4	5	6	7

9. 以下题项旨在了解您的心理资本，请您在相应的选项上进行选择：

具体题项	非常 不同意	不同意	有点 不同意	不确定	有点 同意	同意	非常 同意
（1）为了实现理想，我努力地学习 工作	1	2	3	4	5	6	7

续表

具体题项	非常不同意	不同意	有点不同意	不确定	有点同意	同意	非常同意
(2) 我正在为自己的目标努力奋斗	1	2	3	4	5	6	7
(3) 我信心满满地去追求自己的目标	1	2	3	4	5	6	7
(4) 我觉得生活是美好的	1	2	3	4	5	6	7
(5) 我觉得社会上还是好人更多	1	2	3	4	5	6	7
(6) 我的眼界和能力要高于一般人	1	2	3	4	5	6	7
(7) 我的才干受到很多人赞许	1	2	3	4	5	6	7
(8) 我对自己的能力很有信心	1	2	3	4	5	6	7
(9) 我完成各项任务的业绩都很突出	1	2	3	4	5	6	7
(10) 我能很快从挫折中走出来	1	2	3	4	5	6	7
(11) 现在的生活状态让我很愉悦	1	2	3	4	5	6	7
(12) 压力大的时候，我也能吃得好睡得香	1	2	3	4	5	6	7

10. 以下题项旨在了解您夜市再次消费意愿，请您在相应的选项上进行选择：

具体题项	非常不同意	不同意	有点不同意	不确定	有点同意	同意	非常同意
(1) 如果下次晚间外出消费，我会第一时间选择去该夜市	1	2	3	4	5	6	7
(2) 如果有人向我询问，我愿意推荐该夜市	1	2	3	4	5	6	7
(3) 我愿意主动向亲朋好友讲述到该夜市的消费体验，并推荐该夜市	1	2	3	4	5	6	7

第三部分：个人基本信息

11. 您的性别是：

□男　　　　　　　　□女

12. 您的年龄段：

□20 岁及以下　　　□21～30 岁　　　□31～40 岁　　　□40 岁以上

13. 您的收入水平：

□1000 元以下　　　□1001~1500 元　　　□1501~2500 元　　　□2500 元以上

14. 您目前从事的职业：

□学生　　　　　　□政府事业单位工作人员　　　　　□企业人员

□自由职业　　　　□其他_____

附录 C　基于计划行为理论的夜市消费意愿调研问卷

尊敬的女士/先生：

您好！非常感谢您参与此项问卷调查。本问卷以学术研究为目的，问卷调查所收集到的数据主要用于基于计划行为理论的城市居民夜市消费意愿的研究和探讨，希望通过本次调查发现城市居民夜市消费行为的影响因素及内在作用机理。请按照您所选择的参考夜市作答。所有的问题答案没有对错之分，您只需选出能反映您真实想法的答案即可。本问卷收集的数据不用于任何商业用途，您的回答将完全保密，请放心填写。最后，感谢您的配合，祝您生活愉快，万事顺遂！

第一部分：基本情况

1. 请问您目前居住在哪个城市？_____

2. 请问在您去过当地或其他城市的夜市中，哪些夜市给您的印象最深？（多选）

□上海寿宁路夜市　　　　□南京狮子桥　　　　　□上海昌里路夜市

□杭州河坊街夜市　　　　□武汉吉庆街夜市　　　□武汉户部巷

□长沙坡子街夜市　　　　□南京夫子庙夜市　　　□西宁莫家街夜市

□济南芙蓉街　　　　　　□海口骑楼小吃街　　　□广州上下九夜市

□开封西司夜市　　　　　□长沙火宫殿　　　　　□重庆八一路好吃街

□南昌紫荆夜市　　　　　□敦煌沙洲夜市　　　　□苏州山塘街

□北京王府井小吃街　　　□开封鼓楼夜市　　　　□香港庙街夜市

□上海城隍庙　　　　　　□南昌绳金塔美食街　　□台北士林夜市

□厦门中山路步行街　　　□青岛劈柴院　　　　　□杭州胜利河美食街

□丽江四方街　　　　　　□洛阳老城十字街夜市　□西安回民风味小吃街

□北京簋街　　　　　　　□其他_____

3. 您平均每个月去夜市的次数是：

□基本不去　　　　□1~3 次　　　　□3~6 次　　　　□几乎每天去

第二部分：以下是一系列对夜市消费者意愿影响因素的描述，请您根据自己所选参照

118

夜市和对自己的认识，勾选出与您想法相近的选项（1——非常不同意，2——不同意，3——有点不同意，4——不确定，5——有点同意，6——同意，7——非常同意）。

4. 以下题项旨在了解您的时尚意识，请您在相应的选项上进行选择：

具体题项	非常不同意	不同意	有点不同意	不确定	有点同意	同意	非常同意
（1）我总是拥有一套或几套最新款式的衣服	1	2	3	4	5	6	7
（2）要我在穿着时髦与舒服之间选择，我会选择时髦	1	2	3	4	5	6	7
（3）只要有新的发型，我就经常去尝试	1	2	3	4	5	6	7
（4）我总是比我的朋友和邻居提前光顾新开业的商场	1	2	3	4	5	6	7
（5）我经常与我的朋友谈论有关新的产品或者品牌的话题	1	2	3	4	5	6	7

5. 以下题项旨在了解您的领导意识，请您在相应的选项上进行选择：

具体题项	非常不同意	不同意	有点不同意	不确定	有点同意	同意	非常同意
（1）我认为，我比大多数人更有自信	1	2	3	4	5	6	7
（2）我比大多数人更独立自主	1	2	3	4	5	6	7
（3）我认为，我有相当强的个人能力	1	2	3	4	5	6	7

6. 以下题项旨在了解您的价格意识，请您在相应的选项上进行选择：

具体题项	非常不同意	不同意	有点不同意	不确定	有点同意	同意	非常同意
（1）"便宜无好货"这句话并不总是对	1	2	3	4	5	6	7
（2）购物时，我专买特价商品	1	2	3	4	5	6	7

续表

具体题项	非常不同意	不同意	有点不同意	不确定	有点同意	同意	非常同意
(3) 即便是在便利店买小件东西，我也要仔细询问、核对价格	1	2	3	4	5	6	7
(4) 我经常关注商品降价广告	1	2	3	4	5	6	7
(5) 购物时四处砍价可节省不少钱	1	2	3	4	5	6	7

7. 以下题项旨在了解您的怀旧意识，请您在相应的选项上进行选择：

具体题项	非常不同意	不同意	有点不同意	不确定	有点同意	同意	非常同意
(1) 现在人们的生活节奏太快了	1	2	3	4	5	6	7
(2) 我经常想起过去和家人在一起的幸福时光	1	2	3	4	5	6	7
(3) 我至今仍然喜欢看以前的电视剧/电影或听些老歌	1	2	3	4	5	6	7
(4) 我想让自己和过去一样	1	2	3	4	5	6	7

8. 以下题项旨在了解您夜市消费的主观规范，请您在相应的选项上进行选择：

具体题项	非常不同意	不同意	有点不同意	不确定	有点同意	同意	非常同意
(1) 我身边的亲戚朋友支持我去夜市消费	1	2	3	4	5	6	7
(2) 周边人的夜市消费行为会影响我去夜市消费	1	2	3	4	5	6	7
(3) 同亲戚朋友晚上一起聚餐或逛街时，他们会建议去夜市消费	1	2	3	4	5	6	7

9. 以下题项旨在了解您夜市消费知觉行为控制，请您在相应的选项上进行选择：

具体题项	非常 不同意	不同意	有点 不同意	不确定	有点 同意	同意	非常 同意
(1) 对我来说，夜市的具体位置很容易就能找到	1	2	3	4	5	6	7
(2) 对我来说，前往夜市的交通很便利	1	2	3	4	5	6	7
(3) 对我来说，离开夜市的交通很便利	1	2	3	4	5	6	7
(4) 对我来说，夜市消费能让我释放压力和放松身心	1	2	3	4	5	6	7

10. 以下题项旨在了解您对夜市消费的态度，请您在相应的选项上进行选择：

具体题项	非常 不同意	不同意	有点 不同意	不确定	有点 同意	同意	非常 同意
(1) 我认为，夜市消费是有趣愉快的	1	2	3	4	5	6	7
(2) 我很享受夜市消费的过程	1	2	3	4	5	6	7
(3) 相较于其他消费场所，晚上我更愿意前往夜市消费	1	2	3	4	5	6	7

11. 以下题项旨在了解您夜市消费的行为意愿，请您在相应的选项上进行选择：

具体题项	非常 不同意	不同意	有点 不同意	不确定	有点 同意	同意	非常 同意
(1) 我愿意到夜市进行更多的消费	1	2	3	4	5	6	7
(2) 我愿意推荐我的亲戚朋友来夜市消费	1	2	3	4	5	6	7
(3) 即使今后有其他选择，我夜间还是会优先到夜市消费	1	2	3	4	5	6	7

第三部分：个人基本信息

12. 您的性别是：

□男　　　　　□女

13. 您的年龄段：

□18 岁及以下　　□18~30 岁　　　□31~40 岁　　　□40 岁以上

14. 您的收入水平：

□1000 元以下　　□1000~2999 元　　□3000~4999 元　　□5000 元以上

附录 D 周边居民夜市支持行为调研问卷

尊敬的居民朋友：

您好！非常感谢您参与此项问卷调查。本问卷主要调查南昌市夜市周边居民参与夜市发展的情况，请您根据居住在夜市周边的实际经历如实填写，您所反馈的内容对我们的研究十分重要。本问卷收集的数据不用于任何商业用途，您的回答将完全保密，请放心填写。最后，感谢您的配合，祝您生活愉快，万事顺遂！

第一部分：基本情况

1. 您是否居住在夜市附近？

A. 是　　　　　　　　 B. 否

2. 距离您居住地最近的夜市是？

A. 紫荆夜市　　　　 B. 蛤蟆街夜市　　　 C. 绳金塔美食街　　 D. 桃苑西市

E. 玉河湾夜市　　　 F. 艾溪里美食街　　 G. 其他_____

3. 您觉得该夜市对您的生活造成了什么影响？（多选）

A. 能满足我的休闲娱乐需求　　　　　　 B. 使我的生活更加丰富便捷

C. 阻碍我的正常出行　　　　　　　　　 D. 干扰我的正常休息

E. 降低我的居住舒适度　　　　　　　　 F. 降低我的居住安全感

G. 完全没有影响　　　　　　　　　　　 H. 其他_____

4. 您觉得产生这些影响的原因是什么？（多选）

A. 热闹繁华　　　　 B. 服务多样　　　　 C. 占道经营　　　　 D. 环境嘈杂

E. 异味散发　　　　 F. 人多混乱　　　　 G. 其他_____

5. 您觉得您居住地周围需要夜市吗？

A. 有需要，夜市可以为我的生活提供便利

B. 不需要，夜市会干扰我的正常生活

C. 无所谓，我对这个不是很在意

6. 您对夜市发展的建议（多选）

A. 加强治安管理，改善照明条件，增加安全感

B. 建立夜市居民协调发展委员会，兼顾夜市与周边居民的利益

C. 合理规划夜市的经营范围，严管占道经营行为

D. 严抓经营环境，保证夜市周边的良好环境

E. 其他_____

第二部分：主要调查内容

这一部分题目是以量表的形式进行设置。请您以距离居住地最近的夜市为例，根据自己的实际经历与下列陈述的符合程度，勾选您认为最合适的答案（1——非常不同意，2——不同意，3——一般，4——同意，5——非常同意）

具 体 题 项	非常 不同意	不同意	一般	同意	非常同意
7. 参与夜市发起的价值共创					
（1）我经常参加夜市新店或新品推广活动（如试吃、买赠）	1	2	3	4	5
（2）我经常参加夜市组织的商业促销活动（如使用通用优惠券）	1	2	3	4	5
（3）我经常参加该夜市组织的娱乐主题活动	1	2	3	4	5
8. 参与自发的价值共创					
（1）我经常能感受到夜市存在的经营管理问题（如空间规划不合理、卫生条件差等）	1	2	3	4	5
（2）我经常帮助夜市解决经营管理问题（合理停放车辆等）	1	2	3	4	5
（3）我经常将在夜市遇到的问题反馈给夜市经营管理部门	1	2	3	4	5
（4）我经常在各个社交圈解答夜市游客的问题，参与相关话题进行互动	1	2	3	4	5
9. 环境关心					
（1）我会主动关注该夜市的污染和扰民问题	1	2	3	4	5
（2）作为周边的居民，我会为维护夜市环境奉献自己的力量	1	2	3	4	5
（3）我有义务保护我家附近的环境	1	2	3	4	5

续表

具体题项	非常不同意	不同意	一般	同意	非常同意
10. 夜市满意					
（1）该夜市不会影响到我的正常生活	1	2	3	4	5
（2）我觉得该夜市达到了我对它的期望	1	2	3	4	5
（3）总体上来说，我对该夜市感到满意	1	2	3	4	5
（4）对我来说，该夜市是一个理想的夜间消费去处	1	2	3	4	5
11. 夜市认同					
（1）该夜市的经营活动让我感到放心	1	2	3	4	5
（2）该夜市的存在能够提高我的生活品质	1	2	3	4	5
（3）我对该夜市未来的发展充满信心和期待	1	2	3	4	5
（4）我认可该夜市的经营管理和服务能力	1	2	3	4	5
12. 夜市支持行为					
（1）我希望该夜市能有更好的发展	1	2	3	4	5
（2）我愿意向游客介绍并推荐该夜市	1	2	3	4	5
（3）我欢迎游客来该夜市	1	2	3	4	5

第三部分：个人基本信息

13. 您的性别是：

A. 男　　　　　　　B. 女

14. 您的年龄段：

A. 18 岁及以下　　　B. 19~39 岁　　　C. 40~60 岁　　　D. 61 岁及以上

15. 您目前从事的职业：

A. 学生　　　　　B. 政府事业单位工作人员　　　C. 企业职员

D. 自由职业　　　E. 其他

16. 您的月平均收入：（学生可填生活费）

A. 4000 元及以下　　B. 4001~8000 元　　C. 8001~12000 元　　D. 12001 元及以上

参 考 文 献

[1] 吴文智，唐培，何建民. 旅游公共服务质量对游客目的地忠诚的影响机制——来自城市目的地上海的经验证据 [J]. 华东经济管理，2021，35 (4)：118-128.

[2] 许光建. 协同治理推动"夜经济"高质量发展 [J]. 人民论坛，2020 (17)：70-72.

[3] 李东和，叶晴，肖舒羽. 区域旅游业发展中目的地居民参与问题研究 [J]. 人文地理，2004 (3)：84-88.

[4] 贾衍菊，李昂，刘瑞，等. 乡村旅游地居民政府信任对旅游发展支持度的影响——地方依恋的调节效应 [J]. 中国人口·资源与环境，2021，31 (3)：171-183.

[5] 崔登峰，黎淑美. 特色农产品顾客感知价值对顾客购买行为倾向的影响研究——基于多群组结构方程模型 [J]. 农业技术经济，2018 (12)：119-129.

[6] Zeithaml V A. Consumer Perceptions of Price, Quality, and Value: A Means-End Model and Synthesis of Evidence [J]. Journal of Marketing, 1988, 52 (3): 2-22.

[7] Grewal D, Monroe K B, Krishnan R. The Effects of Price-Comparison Advertising on Buyers' Perceptions of Acquisition Value, Transaction Value, and Behavioral Intentions [J]. Journal of Marketing, 1998, 62 (2): 46-59.

[8] Kotler P. Principle of Marketing [M]. London: Prentice Hall, 1999.

[9] 杨晓燕，周懿瑾. 绿色价值：顾客感知价值的新维度 [J]. 中国工业经济，2006 (7)：110-116.

[10] 李文兵，张宏梅. 古村落游客感知价值概念模型与实证研究——以张谷英村为例 [J]. 旅游科学，2010，24 (2)：55-63.

[11] 许峰，李帅帅. 南疆地区目的地形象与旅游者行为意向——感知价值与心理距离的中介作用 [J]. 经济管理，2018，40 (1)：156-171.

[12] 王宗水，赵红，秦绪中. 我国家用汽车顾客感知价值及提升策略研究 [J]. 中国管理科学，2016，24 (2)：125-133.

[13] Kashyap R, Bojanic D C. A Structural Analysis of Value, Quality, and Price Perceptions of Business and Leisure Travelers [J]. Journal of Travel Research, 2000, 39 (1): 45-51.

[14] Chen C F, Tsai M H. Perceived Value, Satisfaction, and Loyalty of TV Travel Product Shopping: Involvement as A Moderator [J]. Tourism Management, 2008, 29 (6): 1166-1171.

[15] 林政男. 绿色营销中企业—环保事业契合对消费者绿色购买行为的影响机制研究 [D]. 长春: 吉林大学, 2019.

[16] 郭安禧, 张一飞, 郭英之, 等. 旅游者感知价值维度对重游意向的影响机制——基于团队旅游者的视角 [J]. 世界地理研究, 2019, 28 (1): 197-207.

[17] 陈雪钧. 饭店新生代员工感知价值对离职意愿的影响研究 [D]. 泉州: 华侨大学, 2015.

[18] Sheth J N, Newman B I, Gross B L. Why We Buy What We Buy: A Theory of Consumption Values [J]. Journal of Business Research, 1991, 22 (2): 159-170.

[19] Petrick J F. Development of A Multi-Dimensional Scale for Measuring the Perceived Value of A Service [J]. Journal of Leisure Research, 2002, 34 (2): 119-134.

[20] Sánchez J, Callarisa L, Rodríguez RM, et al. Perceived Value of the Purchase of A Tourism Product [J]. Tourism Management, 2006, 27 (3): 394-409.

[21] 魏遐, 潘益听. 湿地公园游客体验价值量表的开发方法——以杭州西溪湿地公园为例 [J]. 地理研究, 2012 (6): 1121-1131.

[22] 周玮, 黄震方, 殷红卫, 等. 城市公园免费开放对游客感知价值维度的影响及效应分析——以南京中山陵为例 [J]. 地理研究, 2012, 31 (5): 873-884.

[23] 王莉, 张宏梅, 陆林, 等. 湿地公园游客感知价值研究——以西溪/溱湖为例 [J]. 旅游学刊, 2014, 29 (6): 87-96.

[24] 赵磊, 吴文智, 李健, 等. 基于游客感知价值的生态旅游景区游客忠诚形成机制研究——以西溪国家湿地公园为例 [J]. 生态学报, 2018, 38 (19): 7135-7147.

[25] 陈志军, 徐飞雄. 乡村民宿旅游地游客忠诚度影响因素及作用机制——基于 ABC 态度模型视角的实证分析 [J]. 经济地理, 2021, 41 (5): 232-240.

[26] Bourdeau L, Chebat J C, Couturier C. Internet Consumer Value of University Students: E-mail-vs. -Web Users [J]. Journal of Retailing & Consumer Services, 2002, 9 (2): 61-69.

[27] 吴锦峰, 常亚平, 潘慧明. 多渠道整合质量对线上购买意愿的作用机理研究 [J]. 管理科学, 2014, 27 (1): 86-98.

[28] Marbach J, Lages C R, Nunan D. Who are You and What Do You Value? Investigating the Role of Personality Traits and Customer-Perceived Value in Online Customer Engagement [J]. Journal of Marketing Management, 2016, 32 (5-6): 502-525.

[29] 李宗伟, 张艳辉, 栾东庆. 哪些因素影响消费者的在线购买决策?——顾客感知价值的驱动作用 [J]. 管理评论, 2017, 29 (8): 136-146.

[30] 李伟卿, 池毛毛, 王伟军. 基于感知价值的网络消费者偏好预测研究 [J]. 管理学报, 2021, 18 (6): 912-918.

[31] 云慧, 黄令贺, 李雪丽, 等. 感知价值对网络百科用户持续贡献意愿的影响: 社区认同的中介作用 [J]. 情报工程, 2021, 7 (3): 109-119.

[32] Ottman J A. The Five Simple Rules of Green Marketing [J]. Design Management Review, 2008 (2): 434-478.

[33] 张启尧, 孙习祥. 基于消费者视角的绿色品牌价值理论构建与测量 [J]. 北京工商大学学报 (社会科学版), 2015, 30 (4): 85-92.

[34] 王大海, 段珅, 张驰, 等. 绿色产品重复购买意向研究——基于广告诉求方式的调节效应 [J]. 软科学, 2018, 32 (2): 134-138.

[35] 周妮笛, 李毅, 徐新龙, 等. 基于 IPA 方法的乡村生态旅游游客价值感知影响因素分析——以广西钟山县龙岩生态村为例 [J]. 中南林业科技大学学报, 2018, 38 (12): 142-146.

[36] 陈凯, 顾荣, 胡静. 基于感知收益—感知风险框架的新能源汽车购买意愿研究 [J]. 南京工业大学学报 (社会科学版), 2019, 18 (2): 61-70, 112.

[37] 张学睦, 王希宁. 生态标签对绿色产品购买意愿的影响——以消费者感知价值为中介 [J]. 生态经济, 2019, 35 (1): 59-64.

[38] Levitt T. Production-Line Approach to Service [J]. Harvard Business Review, 1972, 50: 42-52.

[39] Shostack G L. Breaking Free from Product Marketing [J]. Journal of Marketing, 1977, 41 (2): 73-80.

[40] Grönroos C. Strategic Management and Marketing in the Service Sector [R]. Research Reports NO. 8, Swedish School of Economics and Business Administration, Helsinki, 1982.

[41] Parasuraman A, Zeithaml V A, Berry L L. A Conceptual Model of Service Quality and Its Implications for Future Research [J]. Journal of Marketing, 1985, 49 (4): 41-50.

[42] 马耀峰, 王冠孝, 张佑印, 等. 古都国内游客旅游服务质量感知评价研究——以西安市为例 [J]. 干旱区资源与环境, 2009, 23 (6): 176-180.

[43] 汪旭晖, 张其林. 感知服务质量对多渠道零售商品牌权益的影响 [J]. 财经问题研究, 2015 (4): 97-105.

[44] 王高山, 张新, 徐峰, 等. 电子服务质量对顾客契合的影响: 顾客感知价值的中介效

应［J］.大连理工大学学报（社会科学版），2019，40（2）：67-76.

［45］ 芮正云，马喜芳.网络众包社区服务质量感知对用户知识行为的影响———一个多重中介作用模型［J］.运筹与管理，2020，29（12）：125-132.

［46］ Parasuraman A，Zeithaml V A，Berry L L. SERVQUAL：A Multiple-Item Scale for Measuring Consumer Perceptions of Service Quality［J］. Journal of Retailing，1988，64（1）：12-40.

［47］ Rust R，Oliver R L. Service Quality：New Directions in Theory and Practice［M］. Thousand Oaks，CA：Sage Publication，1994.

［48］ 李珊珊，陈光.感知服务质量对公共交通乘客满意度影响的实证研究［J］.铁道运输与经济，2016，38（2）：60-66.

［49］ 魏华，王勇，邓仲华.基于消费者感知的网购物流服务质量测评［J］.中国流通经济，2016，30（1）：88-94.

［50］ 权春妮，范月娇.跨境网购背景下物流服务质量对顾客满意度影响的实证研究———以感知价值为中介［J］.哈尔滨商业大学学报（社会科学版），2018（5）：98-107，116.

［51］ 杨璇，何彪，徐玲俐.参展商感知服务质量对再次参展意愿影响研究———以海南部分展会为例［J］.旅游论坛，2020，13（6）：36-45.

［52］ 刘欢，赵红.基于外卖 Apps 的移动终端购买意愿研究［J］.管理评论，2021，33（2）：207-216.

［53］ 高键.生活方式对消费行为的绿色转化研究———基于绿色心理路径的多重中介效应检验［D］.长春：吉林大学，2017.

［54］ Ajzen I. The Theory of Planned Behavior［J］. Organizational Behavior & Human Decision Processes，1991，50（2）：179-211.

［55］ Christopher J，Armitage，Conner M. Efficacy of the Theory of Planned Behaviour：A meta-analytic review［J］. British Journal of Social Psychology，2001，40（4）：471-499.

［56］ 柴晶鑫.大学生手机依赖行为意向及影响因素研究［D］.长春：吉林大学，2017.

［57］ 姚涛.基于延伸的计划行为理论的网络游戏持续使用研究［D］.杭州：浙江大学，2006.

［58］ 张琰，崔枫，吴霜霜，等.航空旅行者碳补偿支付意愿影响因素研究———基于计划行为理论与规范激活理论的综合研究框架［J］.干旱区资源与环境，2017，31（11）：9-14.

［59］ 陆敏，殷樱，陶卓民.基于计划行为理论的游客不文明行为产生机理研究［J］.干旱

区资源与环境, 2019, 33 (4): 196-202.

[60] 杨留花, 诸大建. 扩展计划行为理论框架下共享单车规范停放行为意向的影响因素分析 [J]. 中国人口·资源与环境, 2018, 28 (4): 125-133.

[61] 石志恒, 崔民, 张衡. 基于扩展计划行为理论的农户绿色生产意愿研究 [J]. 干旱区资源与环境, 2020, 34 (3): 40-48.

[62] 熊长江, 姚娟, 赵向豪, 等. 扩展计划行为理论框架下游客旅游生态补偿支付意愿研究——以天山天池世界自然遗产地为例 [J]. 地域研究与开发, 2020, 39 (3): 111-117.

[63] 戴小俊, 马蕾. 基于 TPB 扩展模型的生态旅游行为影响因素实证研究 [J]. 生态经济, 2021, 37 (2): 120-126.

[64] Ramírez R. Value Co-Production: Intellectual Origins and Implications for Practice and Research [J]. Strategic Management Journal, 1999, 20 (1): 49-65.

[65] 令狐克睿. 社会化媒体情境下顾客契合对价值共创的影响研究 [D]. 广州: 华南理工大学, 2019.

[66] Prahalad C K, Ramaswamy V. Co-Opting Customer Competence [J]. Harvard Business Review, 2000, 78: 79-90.

[67] Vargo S L, Lusch R F. Evolving to a New Dominant Logic for Marketing [J]. Journal of Marketing, 2004, 68 (1): 1-17.

[68] Prahalad C K, Ramaswamy V. Co-Creation Experiences: The Next Practice in Value Creation [J]. Journal of Interactive Marketing, 2004, 3 (1): 5-14.

[69] 武文珍, 陈启杰. 价值共创理论形成路径探析与未来研究展望 [J]. 外国经济与管理, 2012, 34 (6): 66-73, 81.

[70] Vargo S L, Lusch R F. Service-Dominant Logic: Continuing the Evolution [J]. Journal of the Academy of Marketing Science, 2008, 36 (1): 1-10.

[71] Payne A F, Storbacka K, Frow P. Managing the Co-Creation of Value [J]. Journal of the Academy of Marketing Science, 2008, 36 (1): 83-96.

[72] 王潇, 杜建刚, 白长虹. 从"产品主导逻辑"到"顾客参与的价值共创"——看西方服务范式四十年来的理论演进 [J]. 商业经济与管理, 2014 (11): 41-49.

[73] 彭艳君. 企业—顾客价值共创过程中顾客参与管理研究的理论框架 [J]. 中国流通经济, 2014, 28 (8): 70-76.

[74] 李朝辉. 虚拟品牌社区环境下顾客参与价值共创对品牌体验的影响 [J]. 财经论丛, 2014 (7): 75-81.

［75］Zwass V. Co-Creation：Toward a Taxonomy and an Integrated Research Perspective ［J］. International Journal of Electronic Commerce，2010，15（1）：11-48.

［76］张晓东. 跨境电商消费者参与价值共创对品牌偏好的影响 ［J］. 商业经济与管理，2019（8）：20-29.

［77］朱丽叶，袁登华，张红明. 顾客参与品牌共创如何提升品牌忠诚？——共创行为类型对品牌忠诚的影响与作用机制研究 ［J］. 外国经济与管理，2018，40（5）：84-98.

［78］国家语言资源监测与研究中心. 汉语盘点：2019 年中国媒体十大新词语发布 ［EB/OL］. http：//www. moe. gov. cn/jyb_xwfb/gzdt_gzdt/s5987/201912/t20191213_411939. html，2019-12-16.

［79］艾媒产业升级研究中心. 2019—2022 年中国夜间经济产业发展趋势与消费行为研究报告 ［R］. 广州：艾媒咨询，2019.

［80］秦学，李梦雅，司有山，等. 新世纪以来我国"夜经济"研究的回顾与展望 ［J］. 信阳师范学院学报（哲学社会科学版），2021，41（2）：84-90.

［81］Montgomery J. Cities and the Art of Cultural Planning ［J］. Planning Practice & Research，1990，5（3）：17-24.

［82］毛中根，龙燕妮，叶胥. 夜间经济理论研究进展 ［J］. 经济学动态，2020（2）：103-116.

［83］Hobbs，D，Winlow S，Hadfield P，et al. Violent Hypocrisy：Governance and the Night-Time Economy ［J］. European Journal of Criminology，2005，2（2）：161-183.

［84］Bromley R，Nelson A L. Alcohol-Related Crime and Disorder across Urban Space and Time：Evidence from a British City ［J］. Geoforum，2002，33（2）：239-254.

［85］Rowe D，Lynch R. Work and Play in the City：Some Reflections on the Night-Time Leisure Economy of Sydney ［J］. Annals of Leisure Research，2012，15（2）：132-147.

［86］周继洋. 国际城市夜间经济发展经验对上海的启示 ［J］. 科学发展，2020（1）：77-84.

［87］许大伟. 中国城市治理视域下夜间经济发展研究初探——以国内外先行地区的经验做法为鉴 ［J］. 经济研究参考，2020（17）：73-80.

［88］头豹研究院. 2019 年中国夜间经济行业概览 ［R］. 南京：头豹信息科技南京有限公司，2019.

［89］许光建. 协同治理推动"夜经济"高质量发展 ［J］. 人民论坛，2020（17）：70-72.

［90］Eldridge A，Roberts M. A Comfortable Night Out？Alcohol Drunkenness and Inclusive Town Centres ［J］. Area，2008，40（3）：365-374.

［91］Rozhan A, Yunos M, Mydin M O, et al. Building the Safe City Planning Concept：An Analysis of Preceding Studies ［J］. Jurnal Teknologi, 2015, 75 (9)：95-100.

［92］付晓东. 夜间经济激发城市治理新动能 ［J］. 人民论坛, 2019 (28)：48-51.

［93］张启尧. 工作压力对城市居民夜间消费意愿的影响 ［J］. 企业经济, 2020, 39 (6)：22-30.

［94］杨震寰. 南昌夜市研究 ［D］. 南昌：南昌大学, 2011.

［95］张金花, 王茂华. 中国古代夜市研究综述 ［J］. 河北大学学报 (哲学社会科学版), 2013, 38 (5)：106-113.

［96］张婧, 赖永恒, 李双纳, 等. 开封夜市区噪声污染状况分析与对策研究 ［J］. 河南大学学报 (自然科学版), 2020, 50 (3)：262-268.

［97］李敏. 台湾夜市自治管理的启示 ［J］. 党政论坛, 2015 (5)：48-49.

［98］王权坤, 胡雪瑶, 艾少伟. 身份、流动与权力：街头摊贩的空间实践 ［J］. 人文地理, 2020, 35 (6)：35-43.

［99］张金花, 王茂华. 历史视域下的京津冀夜市经济 ［J］. 河北大学学报 (哲学社会科学版), 2020, 45 (6)：52-60.

［100］张晓阳, 王伟敏. 学校周边夜市大排档食品卫生状况调查及对策 ［J］. 中国初级卫生保健, 2004 (11)：68.

［101］李峥, 张锁成, 蒋跃强, 等. 夜市食品卫生存在问题及管理对策 ［J］. 中国农村卫生事业管理, 2005, 25 (4)：57-58.

［102］许大伟. 中国城市治理视域下夜间经济发展研究初探——以国内外先行地区的经验做法为鉴 ［J］. 经济研究参考, 2020 (17)：73-80.

［103］陈姝璇, 郭海怡. 政府对地摊经济的新治理之路——以青岛台东夜市为例 ［J］. 环渤海经济瞭望, 2021 (6)：63-64.

［104］陈凤, 张伟一. "市井文化" 视角下的历史街区保护更新研究 ［J］. 建筑技艺, 2020 (S2)：64-67.

［105］陈凯伦, 周潮. "留住当年的烟火气" ——基于市井文化的传统农贸市场改造研究 ［J］. 智能建筑与智慧城市, 2020 (10)：52-54.

［106］徐宁, 田茜. 夜间经济的理论研究与运营推广路径 ［J］. 企业经济, 2021, 40 (6)：95-102.

［107］刘向前, 梁留科, 元媛, 等. 大数据时代美食夜市游憩者满意度双视角研究 ［J］. 美食研究, 2018, 35 (2)：24-31.

［108］刘慧玲, 骆培聪, 王镇宁. 基于 IPA 分析法的美食夜市游憩者感知分析——以福州

市达明美食街为例［J］.台湾农业探索,2019 (5): 60-66.

[109] 程小敏.中国城市美食夜间经济的消费特点与升级路径研究［J］.消费经济,2020,
36 (4): 11-21.

[110] 卢莎,刘亚利,张若萌.长沙夜市居民环境意识现状研究［J］.中南林业科技大学
学报(社会科学版),2010,4 (2): 41-45.

[111] 宋亮.夜市消费行为研究［J］.科技经济市场,2012 (7): 65-67.

[112] 纪琼.上海市夜市消费研究［J］.中外企业家,2014 (16): 40.

[113] 刘婧婷.南京夫子庙夜市顾客满意度调查与分析［J］.农家参谋,2018 (23): 268.

[114] 元媛,刘向前,梁留科.基于IPA法的特殊兴趣旅游目的地游客满意度评价——以
开封专业美食夜市为例［J］.洛阳师范学院学报,2018,37 (9): 24-29.

[115] Liang C C, Yu A P I, Le T H. Customers Focus and Impulse Buying at Night Markets
［J］. Journal of Retailing and Consumer Services, 2021, 60: 1-13.

[116] 范秀成,罗海成.基于顾客感知价值的服务企业竞争力探析［J］.南开管理评论,
2003 (6): 41-45.

[117] 薛永基,白雪珊,胡煜晗.感知价值与预期后悔影响绿色食品购买意向的实证研究
［J］.软科学,2016,30 (11): 131-135.

[118] 陶鹏德,王国才,赵彦辉.零售商自有品牌感知价值对购买意愿影响的实证研究
［J］.南京社会科学,2009 (9): 40-45.

[119] 钟凯,张传庆.消费者感知价值对网络购买意愿影响研究——以在线口碑为调节变
量［J］.社会科学辑刊,2013 (3): 125-131.

[120] 陈娜,侯光辉.图书馆学科服务情境下用户感知价值与参与意愿:服务沟通的调节
效应［J］.科技管理研究,2013,33 (20): 230-235.

[121] 李永鑫,许绍康,谭文娟.服务提供者交际活动与顾客忠诚:消费情绪的中介作用
［J］.心理科学,2009,32 (2): 449-452.

[122] 景奉杰,赵建彬,余樱.顾客间互动—情绪—购后满意关系分析——基于在线品牌
社群视角［J］.中国流通经济,2013,27 (9): 86-93.

[123] 张圣亮,高欢.服务补救方式对消费者情绪和行为意向的影响［J］.南开管理评论,
2011,14 (2): 37-43.

[124] 王琦,王雅男.网购消费情绪与在线评论意愿关系的实证研究［J］.山西大学学报
(哲学社会科学版),2014,37 (3): 73-81.

[125] 胡保玲,李娜.情绪、关系质量与农村居民耐用品消费意愿研究［J］.山东财经大
学学报,2016,28 (3): 62-68.

[126] 贾建忠，吴建齐. 微信支付服务质量对顾客忠诚的影响机制研究——消费情绪的中介效应 [J]. 华南理工大学学报（社会科学版），2016，18（1）：28-39.

[127] 李佳敏，张晓飞. 品牌感知价值对顾客重复购买意愿的影响：顾客情绪的中介作用 [J]. 商业经济研究，2020（18）：63-66.

[128] Sweeney J C , Soutar G N . Consumer Perceived Value：The Development of A Multiple Item Scale [J]. Journal of Retailing，2001，77（2）：203-220.

[129] 邹德强，王高，赵平，等. 功能性价值和象征性价值对品牌忠诚的影响：性别差异和品牌差异的调节作用 [J]. 南开管理评论，2007（3）：4-12，18.

[130] 金立印. 服务接触中的员工沟通行为与顾客响应——情绪感染视角下的实证研究 [J]. 经济管理，2008（18）：28-35.

[131] O'Cass A , Fenech T . Web Retailing Adoption：Exploring the Nature of Internet Users Web Retailing Behaviour [J]. Journal of Retailing and Consumer Services，2003，10（2）：81-94.

[132] 陈文沛. 消费者创新性问题研究综述 [J]. 技术经济，2013，32（4）：41-47.

[133] 何浏. B2B2C 环境下快递服务品牌的消费者满意研究—感知服务质量的中介效应 [J]. 中国软科学，2013（12）：114-127.

[134] 周文静，王恒利. 感知服务质量与购后行为：公共体育场馆运动者的影响效果研究 [J]. 江汉大学学报（自然科学版），2017，45（2）：186-192.

[135] 姜岩. 铁路零担货运服务质量与客户满意度关系实证——基于客户感知视角 [J]. 中国流通经济，2021，35（1）：11-23.

[136] Gronroos C. An Applied Service Marketing Theory [J]. European Journal of Marketing，1982，16（7）：30-41.

[137] 李继波，黄希庭. 时间与幸福的关系：基于跟金钱与幸福关系的比较 [J]. 西南大学学报（社会科学版），2013，39（1）：76-82，174.

[138] Peterson C, Park N, Seligman M. Orientations to Happiness and Life Satisfaction：The Full Life Versus the Empty Life [J]. Journal of Happiness Studies，2005，6（1）：25-41.

[139] 张跃先，马钦海，杨勇. 基于服务消费情境的消费者幸福感构念开发和驱动因素研究 [J]. 管理学报，2017，14（4）：568-579.

[140] 赵雪祥，骆培聪. 乡村旅游目的地游客旅游动机对重游意愿的影响——交往意愿的中介作用 [J]. 福建师范大学学报（自然科学版），2019，35（6）：108-116.

[141] 张爱萍，王晨光. 消费者会响应企业的价值主张吗？——幸福动机对价值主张强度

的影响 [J]. 外国经济与管理, 2018, 40 (11)：90-101.

[142] 吕国庆, 周琰. 意义幸福倾向与幸福感的关系：亲社会行为和基本心理需要的多重中介作用 [J]. 心理技术与应用, 2021, 9 (2)：95-101.

[143] 刘新民, 傅晓晖, 王松. 个性化推荐系统的感知价值对用户接受意愿的影响研究——基于心理资本的调节作用 [J]. 技术与创新管理, 2017, 38 (4)：403-411.

[144] 骆紫薇, 陈斯允. 社会支持对顾客补偿性消费的影响——感知权力与心理资本的作用 [J]. 软科学, 2018, 32 (1)：114-117.

[145] 文吉, 曾婷婷. 主题酒店顾客感知服务质量与购后行为的关系研究——基于深圳市主题酒店的实证研究 [J]. 人文地理, 2011, 26 (4)：127-131.

[146] Lorenz T, Beer C, Pütz J, et al. Measuring Psychological Capital：Construction and Validation of the Compound PsyCap Scale (CPC-12) [J]. Plos One, 2016, 11 (4)：1-17.

[147] Dodds W B, Monroe K B, Grewal D. Effects of Price, Brand, and Store Information on Buyers' Product Evaluations [J]. Journal of Marketing Research, 1991, 28 (3)：307-319.

[148] Hsieh A T, Chang J. Shopping and Tourist Night Markets in Taiwan [J]. Tourism Management, 2006, 27 (1)：138-145.

[149] Chang J, Hsieh A T. Leisure Motives of Eating Out in Night Markets [J]. Journal of Business Research, 2006, 59 (12)：1276-1278.

[150] Chuang Y F, Hwang S N, Wong J Y, et al. The Attractiveness of Tourist Night Markets in Taiwan—A Supply-Side View [J]. International Journal of Culture, Tourism and Hospitality Research, 2014, 8 (3)：333-344.

[151] 陈信康, 董晓舟. 生活方式、产品态度与产品购买行为的关系——基于六个城市样本数据的结构方程建模 [J]. 经济管理, 2014, 36 (1)：142-153.

[152] 张凡, 吕卉焘, 沈小燕, 等. 计划行为理论下外卖配送员闯红灯行为研究 [J]. 中国安全科学学报, 2019, 29 (5)：1-6.

[153] 谢婷. 顾客选择入住绿色饭店的行为意向研究——基于计划行为理论角度 [J]. 旅游学刊, 2016, 31 (6)：94-103.

[154] 谢灯明, 何彪, 蔡江莹, 等. 森林康养潜在游客的行为意向研究——基于计划行为理论视角 [J]. 林业经济, 2019, 41 (3)：33-39, 71.

[155] 刘婧婷, 于丽曼. 徐州夜市发展中存在的问题与对策——基于台湾夜市文化研究 [J]. 价值工程, 2017, 36 (23)：249-250.

［156］高键，魏胜．基于计划行为理论的生活方式绿色化形成的双重交互效应研究［J］.
经济与管理评论，2018（2）：51-61.

［157］潘煜，高丽，王方华．生活方式、顾客感知价值对中国消费者购买行为影响［J］.
系统管理学报，2009，18（6）：601-607.

［158］陈文沛．生活方式、消费者创新性与新产品购买行为的关系［J］.经济管理，2011，
33（2）：103-110.

［159］赵建彬，景奉杰，陶建蓉．金钱概念对冲动购买意愿的影响机制研究［J］.东华理
工大学学报（社会科学版），2016，35（1）：36-43.

［160］李崧，徐维群．文化符号视阈下客家非物质文化遗产的传承和利用——以闽西客家
为例［J］.东华理工大学学报（社会科学版），2015，34（2）：127-131.

［161］Bowman S A. Food Shoppers' Nutrition Attitudes and Relationship to Dietary and Lifestyle
Practices［J］. Nutrition Research，2005，25（3）：281-293.

［162］陈转青，高维和，谢佩洪．绿色生活方式、绿色产品态度和购买意向关系——基于
两类绿色产品市场细分实证研究［J］.经济管理，2014，36（11）：166-177.

［163］Holbrook M B . Nostalgia and Consumption Preferences：Some Emerging Patterns of
Consumer Tastes［J］. Journal of Consumer Research，1993，20（2）：245-256.

［164］Kim Y , Han H . Intention to Pay Conventional-Hotel Prices at A Green Hotel—A
Modification of the Theory of Planned Behavior［J］. Journal of Sustainable Tourism，
2010，18（8）：997-1014.

［165］鲍抄抄，王维红．基于计划行为理论的汽车共享消费意向影响因素研究［J］.东华
大学学报（社会科学版），2018，18（4）：285-293.

［166］Zeithaml V A, Berry L L, Parasuraman A. The Behavioral Consequences of Service
Quality［J］. Journal of Marketing，1996，60（2）：31-46.

［167］张文，何桂培．我国旅游目的地居民对旅游影响感知的实证调查与分析［J］.旅游
学刊，2008，23（2）：72-29.

［168］王忠福，张利．旅游地居民旅游影响感知及影响因素研究综述［J］.经济地理，
2010，30（9）：1563-1568，1579.

［169］李秋成，周玲强，范莉娜．社区人际关系、人地关系对居民旅游支持度的影响——
基于两个民族旅游村寨样本的实证研究［J］.商业经济与管理，2015（3）：75-84.

［170］郭安禧，王松茂，李海军，等．居民旅游影响感知对支持旅游开发影响机制研

究——社区满意和社区认同的中介作用［J］. 旅游学刊，2020，35（6）：96-108.

［171］粟路军，唐彬礼. 旅游地居民生活质量：研究回顾与未来展望［J］. 旅游学刊，
2020，35（6）：78-95.

［172］Su L, Wang L, Law R, et al. Influences of Destination Social Responsibility on the
Relationship Quality with Residents and Destination Economic Performance［J］. Journal
of Travel & Tourism Marketing, 2017, 34（4）: 488-502.

［173］潘海利，黄敏学. 用户三元情感关系的形成与差异化影响：满意、依恋、认同对用
户行为的交互补充作用［J］. 南开管理评论，2017，20（4）：16-26，72.

［174］张燚，李冰鑫，刘进平. 网络环境下顾客参与品牌价值共创模式与机制研究——以
小米手机为例［J］. 北京工商大学学报（社会科学版），2017，32（1）：61-72.

［175］潘佳欣. 虚拟品牌社区顾客参与价值共创对顾客契合的影响研究［D］. 武汉：湖北
工业大学，2020.

［176］Wang S, Chen J S. The Influence of Place Identity on Perceived Tourism Impacts［J］.
Annals of Tourism Research, 2015, 52（3）: 16-28.

［177］雷硕，甘慧敏，郑杰，等. 农户对国家公园生态旅游的认知、参与及支持行为分
析——以秦岭地区为例［J］. 中国农业资源与区划，2020，41（2）：16-25.

［178］白玲，余若男，黄涛，等. 农户对旅游的影响认知、满意度与支持度研究——以北
京市自然保护区为例［J］. 干旱区资源与环境，2018，32（1）：202-208.

［179］汪德根，王金莲，陈田，等. 乡村居民旅游支持度影响模型及机理——基于不同生
命周期阶段的苏州乡村旅游地比较［J］. 地理学报，2011，66（10）：1413-1426.

［180］陈楠，袁箐. 居民是否支持节庆旅游发展？基于居民地方意象、节庆影响感知、节
庆满意度的研究［J］. 河南大学学报（自然科学版），2019，49（6）：631-641，648.

［181］刘小同，刘人怀，文彤，等. 认同与支持：居民对旅游演艺地方性感知的后效应
［J］. 旅游学刊，2021，36（5）：42-54.

［182］刘贤伟，吴建平. 大学生环境价值观与亲环境行为：环境关心的中介作用［J］. 心理
与行为研究，2013，11（6）：780-785.

［183］路幸福，陆林. 边缘型地区旅游发展的居民环境认同与旅游支持——以泸沽湖景区
为例［J］. 地理科学，2015，35（11）：1404-1411.

［184］Koh J, Kim Y G. Sense of Virtual Community: A Conceptual Framework and Empirical
Validation［J］. International Journal of Electronic Commerce, 2003, 8（2）: 75-94.

［185］Heider F. The Psychology of Interpersonal Relations ［M］. New York：Wiley，1958.

［186］陶蕾，刘益，张志勇. 态度承诺对关系价值影响作用的实证研究 ［J］. 商业经济与管理，2008（1）：52-56.

［187］卢春天，洪大用，成功. 对城市居民评价政府环保工作的综合分析——基于 CGSS2003 和 CGSS2010 数据 ［J］. 理论探索，2014（2）：95-100.

［188］罗庚. 成都市居民环境关心与环境行为关系研究 ［D］. 成都：西南交通大学，2016.

后　记

　　虽然夜市在我国有悠久的历史，但它并没有因时间的流逝而消失或被忘却，反而成为一种属于一座城市的独特符号和印记。现如今，夜市的繁荣发展在丰富城市居民生活内容的同时，还满足了人们日益增长的美好生活需要，被普遍视为释放消费潜力和驱动经济增长的新引擎。虽然夜市的发展离不开政府的支持和推动，但城市居民作为夜市消费的主要群体，如何激发他们的夜市消费意愿，就成为推动夜市可持续性发展必须思考的问题。正是在这样的大背景下，我认为从城市居民视角解构夜市消费意愿形成的内在机理，对把握夜市高质量发展方向和推动夜市健康发展来说显得非常必要。

　　在开始本书撰写之前，我已围绕夜市经济和夜市消费心理与行为展开了相关研究，分别发表在《企业经济》《东华理工大学学报（社会科学版）》等学术期刊上。随着研究的深入，我认为有必要根据已有成果对城市居民夜市消费意愿进行系统的梳理和探究，为促进夜市发展提供新的理论洞见和决策参考，这也就成为本书的由来。本书的完成要感谢我的爱人和学术伙伴才凌惠，她对我前往全国知名夜市进行调研的支持和陪伴，以及在本书撰写过程中给予的鼓励，为本书的顺利完成打下了良好的基础。此外，我还要感谢我的研究生郑爱青以及本科生吴颖龙、胡国万、胡诗颖等在问卷发放和数据处理方面给予的协助。

　　本书的顺利出版获得了江西省哲学社会科学基地、省软科学培育基地联合开放基金项目"从'邻避'到'迎臂'——夜市周边居民支持行为形成机制研究"（21JDGL01）的资助。本书在撰写过程中难免会存在一些不足和疏漏之处，希望各位专家、读者批评指正。

张启尧

2021 年冬于南昌